Bhagavad-Gitā
A Canção do Senhor

Tradução do sânscrito para o inglês:

Dra. Annie Besant

Bhagavad-Gitã
A Canção do Senhor

Tradução do inglês para o português:

+ Ricardo Lindemann

EDITORA TEOSÓFICA

Título do original em inglês:
The Bhagavad-Gitā

The Theosophical Publishing House,
Chennai, Madras. 600020 – Índia
1ª edição em inglês, 1905.
2ª edição em inglês, 11ª reimpressão 2005.

Edição em português, 2022.
(formato 13,5 x 19,5)

B554b Besant, Annie.

Bhagavad-Gitā/ Besant Annie, Tradução Ricardo Lindemann
Brasília, DF: Editora Teosófica, 2022.
196 p.

ISBN: 978-65-88797-88-4

1. Filosofia Oriental 2. Hinduísmo 3. *Yoga* 4. Meditação

CDD 181

EDITORA TEOSÓFICA
SIG, Quadra 6, Lote 1235
70.610-460 Brasília, DF — Brasil
Tel.: (61) 98613-4909/4906
E-mail: editorateosofica@editorateosofica.com.br /
comercial@editorateosofica.com.br
Site: www.editorateosofica.com.br
Instagram: @editorateosofica

Revisão editorial / português: Zeneida Cereja da Silva
Capa: Usha Velasco
Diagramação: Ana Paula Cichelero
Impressão: Gráfika Papel e Cores - (61) 98592-6023 - (1Reimp2025)
E-mail: comercial@grafikapapelecores.com.br

Dedicado
a todos os aspirantes
do Oriente e do Ocidente

Sumário

Prefácio da Editora

A Dra. Annie Besant (Londres, U.K. 1847 – Chennai [Madras], Índia 1933), fez a tradução do original sânscrito desta obra para o inglês, com o apoio do erudito hindu Dr. Bhagavan Das, publicada originalmente em 1905. Tornou-se especialista em ciências, pela Universidade de Londres em 1878. Ela foi também Presidente do Partido do Congresso na Índia, lutando por sua independência do domínio britânico, e ainda a segunda Presidente Internacional da Sociedade Teosófica, sendo também sucessora escolhida e treinada pela Sra. Helena P. Blavatsky (1831 – 1891) e tutora do Sr. Jiddu Krishnamurti (1895 – 1986).

Foi através dela e da Sra. Blavatsky que o Sr. Mohandas K. Gandhi (1869 – 1948), mais conhecido posteriormente como Mahatma Gandhi, filiou-se à Sociedade Teosófica em 1891, onde assimilou o hábito, pelo encorajamento ao estudo de religiões comparadas, a estudar a obra *Bhagavad-Gitā* do Hinduísmo, comparativamente ao Sermão da Montanha da Bíblia Cristã, conforme consta em sua autobiografia.

Nesta tradução, optou-se por uma transliteração do sânscrito mais simples e próxima da pronúncia corrente em português. As raras inserções do tradutor ao português no texto da obra da Dra. Besant, que pareceram necessárias à compreensão em nossa língua, foram feitas entre colchetes, de modo a torná-las facilmente identificáveis como distintas da obra da tradutora original.

Sendo a palavra *Gitā* [leia-se "Guítá", em português] feminina em sânscrito, significando "canção", a Editora preferiu adotar por consenso a prática de antepor a expressão "a obra" ao nome *Bhagavad-Gitā* (literalmente: "A Canção do Bem-aventurado") para não colidir com o uso mais tradicional em português, que parece ter sido erroneamente adotado como substantivo masculino, talvez subentendendo referência ao substantivo "livro" que é masculino.

Agradeço profundamente à minha querida mãe, Astrid Lindemann, que traduziu a primeira versão desta obra do inglês ao português, tendo assim realizado a parte mais penosa do trabalho, sem busca de qualquer mérito pessoal.

Nesta terceira edição em formato maior, chamado "de luxo", e também com letras maiores, fez-se uma revisão das anteriores, pois particularmente a primeira foi muito influenciada pela versão em espanhol, e coube a nós, Zeneida Cereja da Silva e eu, posteriormente, reforçar a conferência com a tradução inglesa e conferir a terminologia sânscrita. Agradeço a todos que de alguma forma contribuíram para este último formato da obra. Portanto, o leitor é convidado a desfrutar das melhorias que esta nova edição oferece.

Brasília, 17 de dezembro de 2010.

+ Ricardo Lindemann

Introdução e Prefácio da Dra. Annie Besant

Entre os inestimáveis ensinamentos que podem ser encontrados no grande poema hindu do *Mahābhārata*, não há nenhum tão raro e precioso como esta obra: "A Canção do Senhor". Desde que foi pronunciada pelos divinos lábios de Shri Krishna no campo de batalha, e acalmou as oscilantes emoções de Seu discípulo e amigo, quantos corações atormentados tranquilizou e fortaleceu, quantas almas fatigadas conduziu para Ele! Seu propósito é elevar o aspirante dos níveis inferiores de renúncia, onde se renuncia aos objetos, aos mais elevados cumes onde os desejos são mortos, e onde o Iogue habita em calma e incessante contemplação, enquanto seu corpo e sua mente estão ativamente dedicados a cumprir os deveres que lhe couberam na vida. A lição fundamental [da obra] *Bhagavad-Gitā* é que o homem espiritual não precisa viver em reclusão, que a união com a Vida divina pode ser alcançada e mantida em meio aos afazeres mundanos, que os obstáculos para essa união não se encontram fora de nós, mas dentro de nós.

É uma Escritura de *Yoga*: ora, *Yoga* é literalmente "união", e significa harmonia com a Lei divina, o tornar-se uno com a Vida divina, através da submissão de todas as energias que se exteriorizam. Para alcançar isso, o equilíbrio deve ser obtido, de modo que o eu unido ao Ser[1] não seja afetado por prazer ou dor, desejo ou aversão, ou quaisquer dos "pares de opostos" entre os quais os eus destreinados oscilam para trás e para frente. Moderação é portanto a ideia básica [da obra] *Bhagavad-Gitā*, e a harmonização de todos os constituintes do homem, até que eles vibrem em perfeita sintonia com

[1] *Self*, no original em inglês; palavra que, quando maiúscula, será traduzida em toda a obra como "Ser", na medida em que se refere ao aspecto Superior. (N.T.)

o Uno, o Supremo Ser. Este é o objetivo que o discípulo deve propor a si mesmo. Ele deve aprender a não ser atraído pelo atrativo, nem repelido pelo repulsivo, mas deve ver ambos os fatos como manifestações do Senhor Uno, de modo que possam ser lições que o guiem, não algemas que o escravizem. Em meio ao tumulto ele deve descansar no Senhor da Paz, cumprindo todos os deveres na íntegra, não porque busque os resultados de suas ações, mas porque seu dever é cumpri-los. Seu coração é um altar, o amor ao seu Senhor é a chama que arde sobre este altar; todos os seus atos físicos e mentais são sacrifícios oferecidos neste altar; e uma vez oferecidos, não mais o afligem.

Para tornar a lição mais impressionante, ela foi dada em um campo de batalha. Arjuna, o príncipe guerreiro, deveria reivindicar o título para seu irmão [Yudhishthira], de modo a destruir um usurpador [Duryodhana] que estava oprimindo sua pátria; era seu dever como príncipe, como guerreiro, lutar pela liberdade de sua nação e restaurar a ordem e a paz. Para tornar a disputa ainda mais amarga, camaradas e amigos estavam frente a frente em ambos os lados, oprimindo seu coração com uma angústia pessoal, e criando um conflito de deveres, assim como uma contenda física. Poderia ele matar aqueles a quem devia amor e cuidado e espezinhar vínculos de parentesco? Romper laços de família era um pecado, deixar o povo numa cruel escravidão também era um pecado, onde estava o caminho certo? Justiça teria de ser feita, de outra forma a Lei seria desrespeitada; mas como matar sem pecar? A resposta é a incumbência do livro: não ter interesse pessoal no evento, cumprir o dever imposto pela posição na vida, compreender que *Īshvara*[2], ao mesmo tempo o Senhor e a Lei, é o agente que realiza essa poderosa evolução que termina em bem-aventurança e paz; estar identificado com Ele por meio da devoção, e então cumprir o dever, como dever, lutando sem paixão ou desejo,

[2] A Divindade, vide nota 3, na p. 18. (N.T.)

sem ira ou ódio; desta maneira a atividade não cria vínculos, o *Yoga* é realizado, e a alma está livre.

Tal é o óbvio ensinamento deste livro sagrado. Mas como todos os atos de um Avatar são simbólicos, nós podemos passar dos planos externos aos internos, e ver na luta de Kurukshetra o campo de batalha da alma, e nos filhos de Dhritarāshtra [tio de Arjuna], os inimigos que encontra em seu progresso. Arjuna tipifica a alma lutadora do discípulo, e Shri Krishna é o *Logos* [Verbo, Deus ou *Īshvara.*] da alma. Assim, o ensinamento do antigo campo de batalha dá orientação para toda a posteridade, e treina a alma aspirante a trilhar a íngreme e espinhosa senda que conduz para a paz. Para todas essas almas do Oriente e do Ocidente dirigem-se essas lições divinas, pois a senda é una, apesar de ter muitos nomes, e todas as almas buscam a mesma meta, ainda que não compreendam a sua unidade.

A fim de preservar a precisão do sânscrito, uns poucos termos técnicos foram dados no original em notas de rodapé: *Manas* é a mente tanto nos processos mentais inferiores nos quais ela é dominada pelos sentidos, pelas paixões e emoções, quanto nos processos superiores do raciocínio; *Buddhi* é a faculdade acima da mente racional, e é a Razão Pura, exercendo a faculdade discriminativa da intuição, do discernimento espiritual. Se estas palavras originais não são conhecidas pelo leitor, [a obra] *Bhagavad-Gitā* perde muito do seu valor prático como um tratado sobre *Yoga*, e o suposto estudante pode ficar confuso.

Os epítetos[3] aplicados a Shri Krishna e Arjuna — cuja variedade é tão característica da conversação sânscrita — ficaram em sua maioria sem tradução, pois por sua musicalidade eles se somam ao encanto literário, porque o caráter do idioma

[3] Os nomes próprios, inclusive os epítetos relacionados a objetos, não estarão em itálico nesta tradução, com exceção aos nomes da Divindade, ou seja, Deus, por se tratar de ente abstrato. (N.T.)

inglês é tão diferente do sânscrito, que os epítetos de métrica múltipla tornam-se às vezes quase grotescos na tradução. Nomes derivados do nome de um antepassado, como Pārtha significando o filho de Prithā; Kaunteya significando o filho de Kunti, são usados de uma forma ou de outra, de acordo com o ritmo da frase. Um outro assunto, talvez de menor importância, o qual pode tornar-se mais relevante se ele vier a ajudar o estudante, é o seguinte: quando *Ātman* significa o SER UNO, o "SER" de tudo, ele é escrito em letras maiúsculas; quando *ātman* significa o aspecto inferior, o "eu" pessoal, é escrito em letra minúscula; tal foi feito porque às vezes faz-se um jogo com essa palavra, e é difícil para um leitor destreinado encontrar o significado sem alguma ajuda. A palavra *Brahman*, o UNO, o Supremo é traduzida em todo o texto como "o ETERNO". A palavra *Deva* [Anjo], literalmente "Brilhante", é assim traduzida em todo o texto. O uso da palavra ocidental "Deus" indiscriminadamente para traduzir as palavras *Brahman* e *Deva-s* é muito enganoso; o hindu nunca usa uma palavra pela outra, e nunca confunde a unidade do Supremo com a multiplicidade das Inteligências auxiliares.

Minha intenção, em somar esta tradução àquelas já publicadas, foi preservar o espírito do original, especialmente em seu tom profundamente devocional; e dando ao mesmo tempo uma tradução exata, refletindo a força e a concisão do sânscrito. Para que equívocos, devidos ao meu conhecimento imperfeito, pudessem ser corrigidos, a primeira e a segunda edições desta tradução passaram pelas mãos de um ou outro dos seguintes cavalheiros — amigos meus de Benares — aos quais eu aqui ofereço minha gratidão e meus agradecimentos: Babus Pramada Das Mitra, Ganganath Jha, Kali Charan Mitra, e Upendranath Basu. Algumas notas são também devidas a eles.

Na terceira e quarta edições, eu também tive muita ajuda de Babu Bhagavan Das, a quem eu acrescento meus cordiais agradecimentos.

ANNIE BESANT

A Canção do Senhor

I Discurso

O Yoga do Desalento de Arjuna

(01) **Dhritarāshtra disse:** Na sagrada planície[4], no campo de Kuru[5], reunidos, ansiosos pela batalha, o que fizeram, Oh Sanjaya, meu povo e os Pāndava-s?[6]

(02) **Sanjaya disse:** Após ver formado o exército dos Pāndava-s, o Príncipe Duryodhana aproximou-se de seu mestre[7] e disse estas palavras:

---

[4] *Dharma - Kshetre*, no original sânscrito, significando "campo do dever ou justiça", ou seja, que antes da batalha histórica ocorrer no campo de Kuru, na Índia, ela acontece no atemporal campo do dever, na luta constante entre o bem e o mal que permeia todo o Universo e perdura durante toda a sua existência manifestada. (N.T.)

[5] Nome do ancestral comum das partes em contenda, os Kuru-s e os Pāndava-s, na batalha iminente.

[6] Filhos de Pāndu, que é pai de Arjuna. (N.T.)

[7] Drona, o filho de Bharadvāja.

(03) "Olha esta poderosa hoste dos filhos de Pāndu, Oh mestre, formada pelo filho de Drupada, teu sábio discípulo.

(04) Estes são os heróis, arqueiros potentes, iguais a Bhima e Arjuna na batalha; Yuyudhāna, Virāta e Drupada do grande carro[8].

(05) Dhrishtaketu, Chekitāna e o valente Rei de Kāshi, Purujit e Kuntibhoja e Shaibya, touro[9] entre os homens;

(06) Yudhāmanyu, o forte; e Uttamaujas, o bravo; Saubhadra e os Draupadeya-s[10], todos com seus grandes carros.

(07) Conhece, além disso, Oh melhor dos nascidos duas vezes, a todos aqueles que são nossos chefes, aos líderes de meu exército; estes nomeio para informar-te:

---

[8] Tecnicamente, aquele capaz de lutar sozinho contra dez mil arqueiros.

[9] O touro, como símbolo de força viril e vigor, é amiúde usado como um epíteto honorífico.

[10] Abhimanyu, o filho de Subhadrā e Arjuna, e os filhos de Draupadi e os netos de Drupada.

(08) Tu, Senhor, e Bhishma, e Karna, e Kripa, conquistadores na batalha; Ashvatthāma, Vikarna, e Saumadatti[11] também;

(09) E muitos outros heróis que, por mim, renunciam a suas vidas, com armas e projéteis diversos, e todos hábeis na guerra.

(10) Porém, este nosso exército parece insuficiente, ainda que dirigido por Bhishma, enquanto o exército deles parece suficiente, ainda que dirigido por Bhima; [12]

(11) Portanto, que oficiais e tropas, em sua totalidade, mantendo-se firmemente em suas respectivas divisões, protejam Bhishma, inclusive todos seus generais."

---

[11] O filho de Somadatta.

[12] Os comentaristas diferem em suas interpretações deste versículo; *aparyāptam* significando, segundo um dos comentaristas, insuficiente; e segundo o outro, ilimitado, e *paryāptām* como suficiente. A tradução de Srīdhara parece ter o melhor sentido. O exército de Duryodhara tem onze *akshauhini-s* (divisão de exército com 216 mil soldados cada), enquanto que o de Yudhishthira tem somente sete divisões.

(12) Para alentá-lo, o Ancião dos Kuru-s, o Ancestral[13], o glorioso, soprou sua concha, que soou alto como um rugido de leão.

(13) Logo, retumbaram subitamente as conchas e timbales, os tamboriles, tambores e berrantes, e o som era tumultuoso.

(14) Então, em seu posto, sobre seu grande carro de guerra, jungido por dois cavalos brancos, Mādhava[14], e o filho de Pāndu[15], sopraram suas divinas conchas.

(15) Pāñchajanya soprada por Hrishikesha; Devadatta soprada por Dhanañjaya[16]; Vrikodara[17], de feitos terríveis, soprou sua potente concha, a Paundra;

---

[13] Bhishma.

[14] Shri Krishna.

[15] Arjuna.

[16] Pāñchajanya, a concha de Shri Krishna, era confeccionada de ossos do gigante Panchajana, morto por ele. O título Hrishikesha significa "Senhor dos sentidos". Dhanañjaya, o "conquistador de riquezas", é um título frequentemente dado a Arjuna, cuja concha é a "Dada por Deus". [em sânscrito: Devadatta]

[17] *Bhīma*; o significado do nome de sua concha é duvidoso.

(16) O Rei Yudhishthira, o filho de Kunti, soprou a Anantavijaya; Nakula e Sahadeva sopraram a Sughosha e a Manipushpaka[18].

(17) E Kāshya[19], do grande arco, e Shikhandi, o poderoso guerreiro do carro, Dhrishtadyumna e Virāta e Sātyaki, o inconquistado.

(18) Drupada e os Draupadeya-s, Oh Senhor da Terra, e Saubhadra, o potentemente armado, sopraram para todos os lados suas diversas conchas.

(19) Esse tumultuoso estrondo despedaçou os corações dos filhos de Dhritarāshtra, enchendo de som a Terra e o Céu.

(20) Então, vendo os filhos de Dhritarāshtra parados em formação militar, e o voo dos projéteis prestes a iniciar, aquele cuja bandeira é um símio, o filho de Pāndu, empunhou seu arco,

(21) E falou estas palavras para Hrishikesha, Oh Senhor da Terra:

---

[18] As conchas dos três irmãos restantes foram nomeadas respectivamente, "Vitória sem fim", "Tom de mel" e "Joia de flores".

[19] O Rei de Kāshi, a moderna Vārānasi, antiga Benares.

Arjuna disse: No meio dos dois exércitos, detém meu carro, Oh Achyuta[20].

(22) Para que eu possa ver estes que de pé anseiam pela batalha, e com os quais eu tenho de lutar nesta guerra que inicia,

(23) E fitar aqueles que estão aqui reunidos, prontos para a luta, e desejosos de comprazer-se em batalha com o perverso filho de Dhritarāshtra.

(24) **Sanjaya disse:** Oh Bhārata[21], ante as palavras de Gudākesha[22], Hrishikesha[23] deteve o melhor dos carros no meio de ambos os exércitos,

(25) Defronte a Bhishma, Drona e todos os governantes do mundo, disse: "Oh Pārtha[22], olha estes Kuru-s reunidos."

---

[20] O imutável, o imóvel.

[21] Termo aplicável a todos os descendentes do Rei Bharata, um antigo governante daquela região; nesse caso, referindo-se a Dhritarashtra. (N.T.)

[22] O Senhor do sono, Arjuna.

[23] Shri Krishna.

(26) Então Pārtha[24] viu que ali estavam, também em ambos os exércitos, tios, avós, mestres, tios maternos, primos, filhos e netos, camaradas, sogros e benfeitores;

(27) Kaunteya[25], ao ver todos estes parentes assim em formação militar,

(28) Profundamente compadecido, assim falou com tristeza:

Arjuna disse: Ao ver em formação militar estes meus parentes, ansiosos para lutar, Oh Krishna,

(29) Meus membros fraquejam, minha boca está seca, meu corpo estremece e meu cabelo se eriça,

(30) Gāndiva[26] escapa de minha mão, e arde toda minha pele; não posso ficar em pé, minha mente está girando,

---

[24] Arjuna. (N.T.)

[25] O filho de Kunti, Arjuna.

[26] O arco de Arjuna.

(31) E vejo presságios adversos, Oh Keshava[27]. Nem pressinto benefício algum em matar meus parentes em batalha.

(32) Pois eu não desejo a vitória, Oh Krishna, nem reino, nem prazeres; o que é para nós, Oh Govinda, um reino, uma satisfação, ou mesmo uma vida?

(33) Aqueles por cuja causa desejamos um reino, satisfações e prazeres, estão aqui em batalha, abandonando a vida e a riqueza:

(34) Mestres, pais, filhos, bem como avós, tios maternos, sogros, netos, cunhados e outros parentes.

(35) Não desejo matar a esses, ainda que me matem, Oh Madhusudana[28], nem mesmo por reinar sobre os três mundos[29]; como então pela Terra?

---

[27] "Aquele que tem cabelo exuberante", ou "Aquele que dorme nas águas". [referindo-se a Krishna, N.T.]
[28] Epíteto utilizado aqui para designar Shri Krishna: significando literalmente "O matador de Madhu (um demônio). (N.T.)
[29] Os três mundos ou planos são o mental, o emocional e o físico. (N.T.)

(36) Que prazer poderemos ter, Oh Janārdana[30], em matar estes filhos de Dhritarashtra? Se matarmos esses facínoras, seremos apenas presas do pecado.

(37) Portanto, não deveríamos matar os filhos de Dhritarāshtra, nossos parentes: pois, como podemos ser felizes matando os nossos parentes, Oh Mādhava?

(38) Ainda que esses, com a inteligência dominada pela cobiça, não vejam culpa na destruição de uma família, nem crime na hostilidade com amigos,

(39) Por que não deveríamos aprender a afastar-nos de semelhante pecado, Oh Janārdana, nós que vemos os males na destruição de uma família?

(40) Na destruição de uma família perecem as imemoriais tradições[31] familiares; com a morte da tradição, a ilegalidade domina toda a família;

---

[30] "Destruidor de Jana". Shri Krishna como o "guerreiro que vence todas as formas de mal", ou "de um *rākshasa* (demônio) chamado Jana".

[31] *Dharma*: esta é uma palavra ampla, primordialmente significando a natureza essencial de uma coisa, a qual a faz ser o que é externamente; em segundo lugar, significa também as leis de seu ser, seu dever; e inclui ritos religiosos apropriados

(41) Devido à predominância da ilegalidade, Oh Krishna, as mulheres da família tornam-se corruptas; com mulheres corrompidas, Oh Vārshneya[32], surge a confusão de castas;

(42) Esta confusão arrasta ao inferno os assassinos da família e a própria família; pois seus antepassados morrem, privados das oferendas de tortas de arroz e libações.

(43) Através destas más ações dos assassinos da família, que confundem as castas, são abolidos os perenes costumes[33] de castas e os costumes familiares.

(44) A morada dos homens cujos costumes de família se extinguem, Oh Janārdana, é sempre no inferno.[34] Assim nós ouvimos.

---

a essas leis, costumes; também a retidão.

[32] Pertencente à família de Vrishni.

[33] *Dharma*.

[34] O inferno, na concepção hinduísta, não é eterno, mas antes, um tipo de purgatório entre uma encarnação e outra, cuja duração é proporcional aos desejos grosseiros nutridos pela pessoa. (N.T.)

(45) Ai de nós! Empenhamo-nos em cometer um grande pecado, nós que nos esforçamos em matar nossos parentes por cobiçar os prazeres da realeza.

(46) Se os filhos de Dhritarāshtra, de arma na mão, me matarem sem que eu resista, desarmado, na batalha, isso seria o melhor para mim.

(47) **Sanjaya disse:** Após falar assim no campo de batalha, Arjuna deixou-se cair no assento de seu carro, e jogou fora seu arco e flechas, sua mente ficou dominada pela aflição.

Dessa forma, o primeiro discurso do diálogo entre Shri Krishna e Arjuna, nos gloriosos *Upanixades* [da obra] *BHAGAVAD-GITĀ,* – Ciência do ETERNO, Escritura do *Yoga,* intitula-se:

O *YOGA* DO DESALENTO

DE ARJUNA.

II Discurso

O Yoga do Sānkhya

(01) **Sanjaya disse:** A ele, assim dominado pela compaixão e o desalento, com os olhos ardentes e cheios de lágrimas, Madhusudana[35] disse estas palavras:

(02) **O Senhor Bem-aventurado disse:** De onde veio sobre ti, Oh Arjuna, este abatimento ignóbil[36], obstrutor do Céu[37] e infame, neste perigoso dilema?

(03) Não cedas à impotência, Oh Pārtha, que não te é própria. Liberta-te desta desprezível pusilanimidade! Levanta-te, Parantapa[38]!

---

[35] Epíteto de Shri Krishna. (N.T.).

[36] Literalmente, não ariano, ou não nobre.

[37] Literalmente, não *svargyam*, a covardia no guerreiro fechou-lhe a porta de *svarga*, ou seja, do Céu.

[38] Vencedor de inimigos. [Epíteto de Arjuna, N.T.]

(04) **Arjuna disse:** Oh Madhusudana, como atacarei na batalha com minhas flechas Bhishma e Drona, que são dignos de reverência, Oh matador de inimigos?

(05) É preferível, neste mundo, comer a côdea de um mendigo do que matar estes nobilíssimos Gurus. Matando a estes Gurus, que desejam nosso bem[39], saborearia banquetes salpicados de sangue.

(06) Também não sei o que seria melhor para nós, vencê-los ou ser vencidos por eles; se matarmos os filhos de Dhritarāshtra, ainda que se formassem em batalha contra nós, não nos interessaria viver.

(07) Meu coração está aflito com o vício da pusilanimidade; minha mente está confusa quanto ao dever[40]. Pergunto-te o que é o melhor – fala-me decisivamente. Sou Teu discípulo, e Te suplico, ensina-me.

---

[39] Mais frequentemente traduzido por "desejoso de riqueza", mas a palavra é usada alhures como "querer o bem", "desejoso do bem", e o termo está mais de acordo com o tom das observações de Arjuna.

[40] *Dharma.*

(08) Pois não vejo o que afastaria de mim esta angústia que debilita meus sentidos, mesmo que venha a alcançar uma monarquia insuperada sobre a Terra, ou até a soberania dos Brilhantes[41].

(09) **Sanjaya disse:** Gudākesha[42], vencedor dos seus inimigos, assim dirigiu-se a Hrishikesha[43], e disse: "Govinda, eu não lutarei!", e guardou silêncio.

(10) Então Hrishikesha, sorrindo, por assim dizer, Oh Bhārata[44], disse estas palavras a quem, desalentado, estava no meio dos dois exércitos:

(11) **O Senhor Bem-aventurado disse:** Tu te afliges por aqueles por quem não deveria afligir-te, porém dizes palavras de sabedoria[45]. Os sábios não se afligem pelos vivos nem pelos mortos.

(12) Eu, em verdade, em tempo algum, nunca deixei de ser, nem tu, nem estes príncipes entre os ho-

---

[41] *Devas*, seres celestiais correspondentes aos Anjos da cultura ocidental. (N.T.)

[42] Arjuna. (N. T.)

[43] Shri Krishna, também chamado Govinda. (N.T.)

[44] Nesse caso, referindo-se a Dhritarāshtra. (N.T.)

[45] Palavras que parecem sábias, mas que carecem do sentido profundo da sabedoria.

mens; nem daqui por diante, em verdade, nenhum de nós jamais deixará de ser.

(13) Assim como o morador do corpo[46] experimenta no corpo a infância, a juventude e a velhice, do mesmo modo ele passa para outro corpo; quem é firme não se aflige por causa disso.

(14) Os contatos com a matéria, Oh filho de Kunti, ao dar frio e calor, prazer e dor, vêm e vão, são impermanentes, suporta-os com bravura, Oh Bhārata[47].

(15) Aquele a quem isso não atormenta, Oh chefe dos homens, o equilibrado e firme na dor e no prazer, está apto para a imortalidade.

(16) O irreal não tem ser; o real nunca cessa de ser; a verdade sobre ambos foi percebida pelos videntes da essência das coisas[48].

---

[46] *Dehin*, ou seja, "o morador do corpo", corresponde ao espírito. (N.T.)

[47] Nesse caso, referindo-se a Arjuna. (N.T.)

[48] *Tattva*.

(17) Deves saber que AQUELE é indestrutível e impregna tudo isto. Nada pode produzir a destruição deste imperecível Uno.

(18) Estes corpos do Uno corporificado, que é eterno, indestrutível e imensurável, se conhecem como finitos. Portanto, luta, Oh Bhārata.

(19) Quem considera este[49] como um matador, e quem pensa que está morto, ambos são ignorantes. Ninguém mata, nem é morto;

(20) Ele não nasce, nem morre, por não ter sido criado, jamais cessa de ser; perpétuo, eterno e prístino, não é morto quando o corpo é sacrificado.

(21) Quem o conhece como indestrutível, perpétuo, incriado, irredutível, como pode esse homem, Oh Pārtha, matar ou ser morto?

(22) Tal como um homem que, despojando-se de suas vestimentas velhas, toma outras novas, de igual modo o morador do corpo, despojando-se dos corpos gastos, entra em outros que são novos.

---

[49] O morador do corpo.

(23) As armas não o ferem, nem o fogo o queima, nem as águas o molham, nem o vento o seca.

(24) Ele é invulnerável, incombustível, impermeável, insecável; perpétuo, todo-impregnante, estável, imóvel e prístino;

(25) Ele é chamado imanifestado, inconcebível, imutável; portanto, conhecendo-o como tal, não deves afligir-te.

(26) Ainda que penses nele como constantemente nascendo e constantemente morrendo, mesmo então, Oh potentemente armado, não deves afligir-te.

(27) Pois a morte é certa para os nascidos, e o nascimento é certo para os mortos; portanto, pelo inevitável, não deves afligir-te.

(28) Os seres são imanifestados em sua origem, manifestados em seu estado intermediário, Oh Bhārata, de modo semelhante são imanifestados em sua dissolução. Por que dar espaço a lamentações?

(29) Um o considera maravilhoso; outro fala sobre ele como maravilhoso; como maravilhoso outro

ouve falar sobre ele; embora tendo ouvido, ninguém em verdade o compreende.

(30) Este morador do corpo de todos os seres é eternamente invulnerável, Oh Bhārata; portanto, não deves afligir-te por nenhuma criatura.

(31) Além disso, olhando para teu próprio dever[50] não deves tremer; pois não há nada mais bem-vindo para um *Kshatriya*[51] do que uma guerra justa.

(32) Felizes os *Kshatriya-s,* Oh Pārtha, que obtêm semelhante luta, à qual, sem procurá-la, lhes é oferecida como uma porta para o Céu.

(33) Mas se não empreenderes essa guerra justa, e desprezares teu próprio dever[52] e tua honra, então incorrerás em pecado.

(34) Os homens relatarão tua perpétua desonra e, para quem goza de alta estima, a desonra supera a morte.

---

[50] *Dharma.*

[51] Uma pessoa da casta dos guerreiros.

[52] *Dharma.*

(35) Os grandes guerreiros[53] dos carros pensarão que fugiste da batalha por temor, e tu que, eras altamente considerado por eles, serás menosprezado.

(36) Teus inimigos pronunciarão muitas palavras inconvenientes, difamando tua força; há algo mais doloroso que isso?

(37) Morto, obterás o Céu; vitorioso, desfrutarás a Terra; portanto, levanta-te, Oh filho de Kunti, determinado a lutar.

(38) Considera iguais o prazer e a dor, o ganho e a perda, a vitória e a derrota, prepara-te para a batalha; assim não incorrerás em pecado.

(39) Este ensinamento que expus diante de ti está de acordo com o *Sānkhya*[54]; ouve-o agora de acordo com o *Yoga*[55]; imbuído de tal ensinamento, Oh Pārtha, estarás liberto dos grilhões da ação.

---

[53] Os generais.

[54] Um dos seis sistemas de filosofia indiana que trata da evolução.

[55] Outro dos mesmos seis sistemas que trata da meditação.

(40) Neste ensinamento não há perda de esforço, nem transgressão. Mesmo um pouco deste conhecimento[56] protege de grande temor.

(41) A razão[57] determinada é unidirecional, Oh júbilo dos Kuru-s; os pensamentos dos irresolutos são multirramificados e intermináveis.

(42) Os néscios usam palavras floridas, e se regozijam com a letra dos *Veda-s*[58], Oh Pārtha, dizendo: "Não há nada a não ser isto."

(43) Com o desejo em prol do eu[59], com o Céu como meta, eles propõem o nascimento como o fruto da ação, e prescrevem muitas e variadas cerimônias para obter prazer e poder.

(44) Para aqueles apegados ao prazer e ao poder, para aqueles cujas mentes são cativadas por tais en-

---

[56] *Dharma.*

[57] *Buddhi.*

[58] As Escrituras hindus.

[59] Aqueles cujo próprio eu é desejo, *kāma,* e que portanto atuam com vistas a ganhar o Céu e também o renascimento para riqueza e posição.

sinamentos, não se destina esta razão[60] determinada na contemplação[61] firme e resoluta[62].

(45) Os *Veda-s* tratam dos três atributos[63]; deves estar acima destes três atributos, Oh Arjuna, além dos pares de opostos, sempre firme na pureza[64], indiferente às posses, pleno do SER.

---

60 *Buddhi.*

61 *Samādhi,* o terceiro estado de consciência na meditação.

62 Apresenta-se a seguinte alternativa de tradução dos *shloka-s,* 42, 43 e 44: "O discurso florido que os néscios usam, Oh Pārtha, apegando-se às palavras dos *Veda-s,* dizendo que não há nada mais, animados por desejo e cobiça pelo Céu, (o discurso florido) que somente propõe renascimento como (último) fruto da ação, e está repleto de (recomendações para) vários ritos com o fim de (obter) prazeres e poder – o pensamento daqueles que estão desencaminhados por esse (discurso), e são apegados aos prazeres e ao poder, sem estar inspirados pela resolução, não está ocupado com a contemplação." Esta alternativa está mais próxima do original, que se apresenta todo em uma frase.

63 *Guna-s*: atributos, ou formas de energia. São: *sattva* – ritmo, harmonia ou pureza; *rajas* – movimento, atividade ou paixão; *tamas* – inércia, escuridão ou estupidez.

64 *Sattva.*

(46) Todos os *Veda-s* são tão úteis para um Brâmane[65] iluminado quanto é um tanque num local totalmente submerso pela água.

(47) Tua missão consiste somente na ação, nunca nos seus frutos; portanto, não deixes que o fruto da ação seja o teu motivo, nem te apegues à inação.

(48) Cumpre a ação, Oh Dhanañjaya, habitando em união com o divino[66], renunciando aos apegos e equilibrado igualmente no sucesso e no fracasso; o equilíbrio é chamado *Yoga*.

(49) Muito inferior ao *Yoga* do Discernimento[67] é a ação, Oh Dhanañjaya. Refugia-te na Razão Pura[68]; dignos de compaixão são aqueles que trabalham pelo fruto.

---

[65] Uma pessoa da casta mais elevada, sacerdotal e docente.
[66] Habitando em *Yoga*, união.
[67] União com *Buddhi*, o mais interno envoltório (ou veículo) de *Ātman*.
[68] *Buddhi*.

(50) Unido à Razão Pura[68], abandona-se aqui tanto as boas como as más ações; portanto, adere-te ao *Yoga*; *Yoga* é habilidade na ação.

(51) Os Sábios, unidos à Razão Pura[68], renunciam ao fruto que a ação produziu e, liberados dos grilhões do nascimento, dirigem-se para a morada da bem-aventurança.

(52) Quando tua inteligência[68] escapar deste emaranhado de ilusão, então ascenderás à indiferença quanto ao que ouviste e ouvirás.

(53) Quando tua inteligência[68], antes desnorteada pelas Escrituras[69], permanecer imóvel, fixa na contemplação, então alcançarás o *Yoga*[70].

(54) **Arjuna disse:** Qual é o sinal daquele que tem mente[71] estável, firme na contemplação, Oh Keshava? Como fala aquele que tem mente estável[72], como senta, como caminha?

---

[69] *Shruti.*

[70] Para a união com *Ātman*, o SER; *Yoga* implica harmonia com a vontade divina. A palavra traduzida por "contemplação" é, como anteriormente mencionada, o *Samādhi.*

[71] *Prajñā.*

[72] *Sthitadhi.*

(55) **O Senhor Bem-aventurado disse:** Quando um homem abandona todos os desejos do coração[73], Oh Pārtha, e se satisfaz no SER pelo SER, então se diz que ele tem mente[74] estável.

(56) Aquele cuja mente[75] está livre de ansiedade em meio às dores, indiferente aos prazeres, liberado da paixão, do medo e da ira, chama-se sábio[76], que tem mente estável[77].

(57) Aquele que por todos os lados não tem apegos, qualquer que seja sua sorte, boa ou má, quem não tem gostos nem desgostos, tem entendimento[78] bem equilibrado.

(58) Quando, assim como uma tartaruga recolhe seus membros por todos os lados, também ele retira seus sentidos dos objetos dos sentidos, então seu entendimento[79] está bem equilibrado.

---

[73] *Manas.*

[74] *Prajñā.*

[75] *Manas.*

[76] Um *muni*, i.e., um santo ou asceta; em seu sentido original, alguém que observa o voto de silêncio.

[77] *Sthitadhi.*

[78] *Prajñā.*

[79] *Prajñā.*

(59) Os objetos dos sentidos, mas não o gosto por eles[80], afastam-se de um abstêmio morador do corpo; e até esse gosto afasta-se dele após o Supremo ser visto.

(60) Os sentidos impetuosos, Oh Filho de Kunti, até mesmo de um homem sábio, ainda que ele resista, arrebatam sua mente.[81]

(61) Tendo controlado todos os sentidos, deves sentar-se harmonizado Comigo, que sou sua meta suprema; pois quem dominou seus sentidos, tem o entendimento[82] bem equilibrado.

(62) O homem, pensando insistentemente[83] sobre os objetos dos sentidos, concebe um apego a estes; do apego surge o desejo; do desejo vem a ira[84].

---

[80] Os objetos afastam-se quando rejeitados, porém ainda o desejo por eles permanece; mas perde-se até mesmo o desejo, quando o Supremo é visto.

[81] *Manas.*

[82] *Prajñā.*

[83] No original em inglês: *musing,* com várias outras possíveis traduções: cismando, matutando, ruminando, pensando com anelo. (N.T.)

[84] *Krodha.*

(63) Da ira procede a ilusão; da ilusão, a memória confusa; da memória confusa a destruição da Razão;[85] pela destruição da razão, o homem perece.

(64) Mas o eu disciplinado, movendo-se entre os objetos dos sentidos com os sentidos livres de atração e repulsão, dominados pelo SER, segue para a paz.

(65) Nesta Paz surge para ele a extinção de todas as dores, pois, para aquele cujo coração[86] é pacífico, a Razão[87] logo alcança o equilíbrio.

(66) Não há Razão Pura[88] para o não harmonizado, nem há concentração[89] para o não harmonizado; para quem não tem concentração não há paz, e para o não pacífico como pode haver felicidade?

---

[85] *Buddhi,* aqui implicando especificamente Discernimento.

[86] *Chetas.*

[87] *Buddhi.*

[88] *Buddhi.*

[89] *Bhāvanā.*

(67) Se a mente[90] cede aos sentidos errantes, o entendimento[91] foge, assim como o vento forte impulsiona, apressado, um barco sobre as águas.

(68) Portanto, Oh potentemente armado, aquele cujos sentidos estão completamente controlados em relação aos objetos sensoriais, possui o entendimento[92] bem equilibrado.

(69) O que para todos os seres é a noite, para o homem disciplinado é o tempo de vigília; quando todos os seres vigiam, então é noite para o Sábio que vê[93].

(70) Alcança a Paz aquele em quem todos os desejos fluem como os rios fluem para o oceano, que está cheio de água, mas permanece imóvel – não aquele que deseja os desejos.

---

[90] *Manas.*

[91] *Prajñā.*

[92] *Prajñā.*

[93] O Sábio está desperto para coisas sobre as quais o homem comum dorme, e os olhos do sábio estão abertos para as verdades excluídas da visão comum, enquanto, vice-versa, aquilo que é real para as massas é ilusão para o Sábio.

(71) Aquele que deste modo renuncia a todos os desejos e segue avançando livre de desejos, abnegado e sem egoísmo, segue para a Paz.

(72) Este é o estado ETERNO, Oh filho de Prithā. Ninguém que ali chegue ficará desnorteado. Aquele que, mesmo na hora da morte, ali se estabelece, segue para o *Nirvāna* do ETERNO.

Dessa forma, o segundo discurso do diálogo entre Shri Krishna e Arjuna, nos gloriosos *Upanixades* [da obra] *BHAGAVAD-GITĀ*, – Ciência do ETERNO, Escritura do *Yoga* – intitula-se:

O *YOGA* DO *SĀNKHYA*.

III Discurso

O Yoga da Ação

(1) **Arjuna disse:** Se pensas que o conhecimento é superior à ação, Oh Janārdana, por que me impões, Oh Keshava, esta ação terrível?

(2) Com estas palavras desconcertantes somente confundes meu entendimento;[94] portanto, dize-me com certeza qual é o único caminho para que eu possa alcançar a bem-aventurança.

(3) **O Bem-aventurado Senhor disse:** Como te disse antes, Oh impecável, neste mundo há uma senda dupla: aquela do *Yoga* pelo conhecimento, dos *Sānkhya*-s; e aquela do *Yoga* pela ação, dos Iogues.

---

[94] *Buddhi.*

(4) O homem não se libera da ação abstendo-se da atividade, nem se eleva à perfeição pela mera renúncia.

(5) Ninguém pode, nem mesmo por um instante, permanecer realmente inativo; pois, inevitavelmente, todos são impelidos à ação pelas qualidades[95] nascidas da natureza.[96]

(6) O homem confuso, que se fixa no controle dos órgãos da ação, mas cuja mente[97] habita nos objetos dos sentidos, é chamado de hipócrita.

(7) Porém, Oh Arjuna, aquele que, controlando os sentidos pela mente,[94] cumpre o *Yoga* pela ação,[98] utilizando os órgãos da ação sem apego, esse é digno.

---

[95] *Guna-s.*

[96] *Prakriti.*

[97] *Manas.*

[98] *Karma-Yoga* é a consagração da energia física no Altar divino; i.e., o uso de nossos órgãos de ação, servindo e obedecendo simplesmente à Lei e ao Dever.

(8) Cumpre a ação correta[99]; pois a ação é superior à inação, e nem mesmo a manutenção do teu corpo seria possível na inatividade.

(9) O mundo está ligado pela ação, exceto pela que se cumpre por sacrifício; por tal razão, Oh filho de Kunti, cumpre tu a ação livre de apego.

(10) Nos tempos remotos, tendo feito emanar a humanidade por meio do sacrifício, o Senhor da emanação[100] disse: "Por meio de sacrifício, propagar-vos-eis; e que o sacrifício seja o vosso doador de desejos.[101]

(11) Nutri com isso os Brilhantes, e que os Brilhantes vos nutram; assim, nutrindo-se uns aos outros, colhereis o supremo bem.

(12) Pois, nutridos pelo sacrifício, os Brilhantes vos concederão as dádivas que desejais." É verdadeira-

[99] Regulada, prescrita como um dever; ou regularmente.

[100] *Prajāpati.*

[101] *Kāmadhuk,* a vaca de Vasishtha, da qual cada um pode ordenhar o que desejar, por isso chamada doadora dos objetos desejados.

mente um ladrão aquele que desfruta das dádivas concedidas por Eles sem qualquer retribuição.

(13) Os justos, que consomem o restante do sacrifício, estão livres de todo pecado; mas os ímpios, que preparam a comida somente para si, verdadeiramente comem pecado.

(14) As criaturas subsistem do alimento; a produção do alimento provém da chuva; a chuva procede do sacrifício; o sacrifício surge da ação.

(15) Saibas que a ação se origina de *Brahmā,*[102] e *Brahmā* provém do Imperecível. Portanto, o ETERNO, o todo-impregnante, está sempre presente no sacrifício.

(16) Aquele que na Terra não segue esse movimento que é assim cíclico, Oh filho de Prithā, é pecador na vida e regozija-se nos sentidos, vive em vão.

(17) Mas o homem que se regozija no SER, com o SER se satisfaz, e está contente no SER; para ele verdadeiramente nada resta a cumprir;

---

[102] Um indiano muito erudito traduziu *Brahmā* aqui como "os *Veda-s*".

(18) Para ele não há nenhuma atração pelas coisas feitas neste mundo, nem pelas não feitas; nem quaisquer dos seus objetivos depende de qualquer criatura.

(19) Portanto, sem apego, cumpre constantemente a ação que é dever, pois, cumprindo a ação sem apego, o homem, verdadeiramente alcança o Supremo.

(20) Janaka e outros realmente atingiram a perfeição pela ação, então, tendo também em vista o bem-estar do mundo, deves cumprir a ação.

(21) Tudo quanto um grande homem faz, também o farão os outros, o padrão que ele estabelece, o povo seguirá.

(22) Nada há nos três mundos, Oh Pārtha, que deva ser feito por Mim, nem algo inconquistado que possa ser conquistado, mas apesar disso Eu me engajo na ação.

(23) Pois, se Eu não estivesse sempre engajado incansavelmente na ação, os homens seguiriam o meu exemplo, Oh filho de Prithā.

(24) Estes mundos cairiam em ruínas, se Eu não cumprisse a ação; Eu seria o causador da confusão de castas, e destruiria estas criaturas.

(25) Tal como o ignorante age por apego à ação, Oh Bhārata, do mesmo modo deve o sábio agir sem apego, desejando o bem-estar do mundo.

(26) Que nenhum homem sábio inquiete a mente de pessoas ignorantes apegadas à ação, mas sim que ele torne atrativa toda a ação, agindo em harmonia Comigo.

(27) Todas as ações são forjadas somente pelas qualidades[103] da natureza. O eu iludido pelo egoísmo[104] pensa: "Eu sou o agente."

(28) Mas aquele conhece a essência das divisões das qualidades e funções, Oh poderosamente armado, sustentando que "as qualidades movem-se em meio às qualidades"[105], não é apegado.

---

[103] *Guna-s.*

[104] *Ahamkāra*, o "Eu sou" separado.

[105] Os *Guna-s*, qualidades, como órgãos dos sentidos movem-se entre os *Guna-s*, como objetos dos sentidos. Uma leitura que se sugere é: "As funções residem nas propensões." Shankarāchārya diz, "da classe das qualidades e da classe das

(29) Aqueles iludidos com as qualidades da natureza apegam-se às funções das qualidades. O homem de conhecimento perfeito não deve perturbar o néscio cujo conhecimento é imperfeito.

(30) Entregando todas as ações a Mim, com teus pensamentos descansando no SER supremo, liberto da esperança e do egoísmo, e curado da febre mental, empenha-te na batalha.

(31) Aqueles que habitam eternamente neste Meu ensinamento, plenos de fé e sem malícia, também estão liberados das ações.

(32) Aqueles que criticam Meu ensinamento e não agem segundo ele, insensatos e iludidos quanto ao conhecimento total, deves saber que estes néscios estão condenados a ser destruídos[106].

---

ações"; ou o arranjo, ou relações das qualidades e ações.

[106] A destruição aqui mencionada provavelmente se refere à personalidade de uma única vida, enquanto a destruição da alma reencarnante ou *Kārana-Sharīra,* é muito excepcional, sendo consequência somente de reincidência voluntária em práticas de magia negra. Tal destruição não pode aplicar-se, em absoluto, ao espírito ou *Ātmā,* que é da mesma natureza de *Brahman,* o ETERNO, e por isso jamais pode ser destruído. (N.T.)

(33) Até o homem de conhecimento comporta-se em conformidade com sua própria natureza; os seres seguem sua natureza; de que vale reprimi-la?

(34) A afeição e a aversão pelos objetos dos sentidos moram nos sentidos; que ninguém chegue a estar sob o domínio desses dois; eles são obstrutores da senda.

(35) É melhor o nosso próprio dever[107], ainda que destituído de mérito, do que o dever[107] alheio bem cumprido. É melhor a morte no cumprimento do nosso próprio dever[106]; o dever[107] alheio é cheio de perigo.

(36) **Arjuna disse:** Porém, o que é que incita um homem a pecar contra a sua vontade, Oh Vārshneya, como se fosse compelido por uma força?

(37) **O Senhor Bem-aventurado disse:** É o desejo, é a ira originada pela qualidade do movimento[108], que tudo consome, que tudo polui; conhece-o como nosso inimigo aqui na Terra.

---

[107] *Dharma.*

[108] *Rajas* [origem do desejo e da ira, N.T.].

(38) Assim como a fumaça envolve a chama, como um espelho é coberto pelo pó, como o âmnio envolve o embrião, assim o desejo envolve Este[109].

(39) A sabedoria está envolvida por este constante inimigo dos sábios, em forma de desejo, que é insaciável como uma chama.

(40) Diz-se que os sentidos, a mente[110] e a Razão[111] são sua sede; envolvendo com estes a sabedoria, confunde o morador do corpo.

(41) Portanto, Oh melhor dos Bharatas, dominando primeiro os sentidos, mata esta coisa pecaminosa, destruidora da sabedoria e do conhecimento.

(42) Diz-se que os sentidos são grandes; maior do que os sentidos é a mente[112]; maior do que a men-

---

[109] O Universo: "ESTE" como oposto a "ÀQUELE", O ETERNO. Alguns dizem que "ESTE" significa "conhecimento".

[110] *Manas.*

[111] *Buddhi.*

[112] *Manas.*

te[113] é a Razão[114]; porém o que é maior do que a Razão[115] é ELE.[116]

(43) Assim, entendendo-O como maior do que a Razão[117], dominando o eu com o SER, Oh potentemente armado, mata o inimigo em forma de desejo, difícil de vencer.

Dessa forma, o terceiro discurso do diálogo entre Shri Krishna e Arjuna, nos gloriosos *Upanixades* [da obra] *BHAGAVAD-GITĀ* – Ciência do ETERNO, Escritura do *Yoga* – intitula-se:

O *YOGA* DA AÇÃO.

---

[113] *Manas.*

[114] *Buddhi.*

[115] *Buddhi.*

[116] O Supremo.

[117] *Buddhi.*

IV Discurso

O Yoga da Sabedoria

(1) **O Senhor Bem-aventurado disse:** Este *Yoga* imperecível, Eu manifestei para Vivasvān; Vivasvān o ensinou para Manu; Manu o narrou para Ikshvāku.

(2) Este, passando em sucessão, o conheceram os Reis-Sábios. Este *Yoga*, Oh Parantapa, decaiu no mundo com o grande fluir do tempo.

(3) Este mesmo *Yoga* antigo foi-te declarado hoje por Mim, pois és Meu devoto e Meu amigo; é o Segredo supremo.

(4) **Arjuna disse:** Posterior foi Teu nascimento; anterior, o nascimento de Vivasvān; como vou entender então que Tu o manifestaste no início?

(5) **O Senhor Bem-aventurado disse:** Muitos nascimentos foram deixados para trás por Mim e por ti,

Oh Arjuna. Eu os conheço todos, mas tu não conheces os teus, Oh Parantapa.

(6) Embora [sendo] inato, o SER Imperecível, e também o Senhor de todos os seres que planeja a natureza, que é Minha, ainda assim Eu nasci através de Meu próprio poder[118].

(7) Sempre que há decadência da retidão[119], Oh Bhārata, e há exaltação da iniquidade[120], então Eu me manifesto;

(8) Pela proteção dos bons, pela destruição dos malvados, com o fim de estabelecer firmemente a retidão[121], Eu renasço de tempos em tempos.

(9) Aquele que assim conhece Meu nascimento e ação divinos, em sua essência, havendo abandonado o corpo, não nasce novamente, mas vem a Mim, Oh Arjuna.

---

[118] *Māyā*, o poder do pensamento que produz forma, que é transitório, e portanto irreal comparado com a Realidade eterna; daí *Māyā* ser considerada como o poder produtor de ilusão.

[119] *Dharma.*

[120] *Adharma*, o oposto de *Dharma*, tudo o que é desordenado, contrário à natureza das coisas.

[121] *Dharma.*

(10) Liberados da paixão, do medo e da ira, Comigo preenchidos, refugiando-se em Mim, purificados no fogo[122] da sabedoria, muitos ingressaram em meu Ser.

(11) De qualquer modo que os homens venham a Mim, Eu lhes dou as boas-vindas, pois são Meus todos e quaisquer caminhos que os homens possam tomar, Oh Pārtha.

(12) Aqueles que na Terra almejam o sucesso na ação rendem culto aos Brilhantes, pois, em verdade, no breve intervalo neste mundo de homens, o sucesso nasce da ação.

(13) As quatro castas foram emanadas por Mim, pela diferente distribuição de qualidades[123] e ações; conhece-Me como o autor delas, ainda que sem ação e inexaurível.

(14) Nem Me afetam as ações, nem o fruto das ações é desejado por Mim. Quem assim Me conhece não está preso pelas ações.

---

[122] *Tapas,* de *tap,* fulgurante como o fogo.

[123] *Guna-s.*

(15) Nossos ancestrais, que assim Me conheceram, sempre buscaram a libertação, cumpriram a ação; portanto, cumpre tu também a ação, assim como fizeram nossos ancestrais na antiguidade.

(16) "O que é ação, o que é inação?" Até os sábios aqui ficam perplexos. Portanto, te revelarei a ação, pois mediante esse conhecimento te livrarás do mal.

(17) É necessário discernir a ação, discernir a ação ilegítima, e discernir a inação; misteriosa é a senda da ação.

(18) Aquele que vê inação na ação, e ação na inação, é sábio entre os homens, é harmonioso, mesmo enquanto realiza todas as ações.

(19) Aquele cujas obras estão totalmente livres da moldagem do desejo, aquele cujas ações são queimadas com o fogo da sabedoria, os doutos o chamam Sábio.

(20) Após abandonar o apego ao fruto da ação, sempre contente, sem buscar refúgio em parte alguma, não faz coisa alguma, embora realize ações.

(21) Sem esperar nada, com sua mente e seu eu controlados, abandonada toda cobiça, cumprindo a ação somente com seu corpo, não comete pecado.

(22) Contente com tudo quanto obtém sem esforço, livre dos pares de opostos, sem inveja, equilibrado no sucesso e no fracasso, ainda que aja, não está preso.

(23) Aquele que é harmonioso, com seus pensamentos estabelecidos na sabedoria, e em quem os apegos estão mortos, sacrifica suas obras, e todas as suas ações se dissipam.

(24) O ETERNO é a oblação, o ETERNO é a manteiga clarificada, no ETERNO o fogo é oferendado ao ETERNO; em verdade, irá para o ETERNO aquele que em sua ação medite plenamente no ETERNO[124].

---

[124] Somente irão para o ETERNO aqueles que o veem sob o transitório; todos os outros permanecerão presos ao mundo das formas.

(25) Alguns Iogues oferecem o sacrifício aos Brilhantes[125]; outros fazem sacrifício somente derramando o sacrifício no fogo do ETERNO.

(26) Alguns oferecem ao fogo como sacrifício a audição e os demais sentidos por meio do autodomínio, alguns oferecem o som e os demais objetos dos sentidos aos fogos dos sentidos como sacrifício;

(27) Outros, ainda, oferecem como sacrifício ao fogo da união, acendido pela sabedoria, e alcançado pelo autocontrole, todas as funções dos sentidos e as funções da vida;

(28) Outros, ainda, oferecem o sacrifício da riqueza, o sacrifício da austeridade, o sacrifício do *Yoga*, o sacrifício da leitura em silêncio e da sabedoria; são homens concentrados e de efetivos votos.

(29) Outros, ainda, oferecem como sacrifício a inspiração e a expiração, controlando o fluir das exalações e inalações, absortos somente no controle da respiração[126].

---

[125] Literalmente, "sacrifício divino".

[126] *Prānāyāma*, "restrição da respiração", um nome técnico para esta prática.

(30) Outros, regrando as refeições, oferecem como sacrifício seus alentos vitais aos próprios alentos vitais[127]. Todos estes são conhecedores do sacrifício, e pelo sacrifício destruíram seus pecados.

(31) Os que comem o remanescente dos alimentos vitalizadores[128] vão para o imutável ETERNO. Este mundo [físico] não é para aquele que não oferece sacrifício, e muito menos para o outro [mundo], Oh melhor dos Kuru-s.

(32) Muitos e variados sacrifícios são assim difundidos através do "ETERNO[129]". Deves saber que todos estes nascem da ação, e assim sabendo, te libertarás.

(33) Melhor do que o sacrifício de algum objeto é o sacrifício da sabedoria, Oh Parantapa. Todas as

---

[127] Caracterizam técnicas de meditação que observam os fluxos vitais sem interferência do observador, que assim oferece o seu poder de interferir como sacrifício ao fluxo natural do próprio alento vital. (N. T.)

[128] *Amrita*: é o elixir da imortalidade, e os remanescentes de *amrita*, portanto, são alimentos que conferem a imortalidade.

[129] "Nos *Veda-s*", é outra tradução possível [isto é, como se fossem difundidos por *Brahman*, o ETERNO, através dos *Veda-s*, N.T.].

ações em sua totalidade, Oh Pārtha, culminam na sabedoria.

(34) Aprende isso no discipulado[130], por meio da investigação, e do serviço. Os sábios, os videntes da essência das coisas, te instruirão na sabedoria.

(35) E ao saber isso não cairás novamente nesta confusão, Oh Pāndava; devido a isso verás todos os seres, sem exceção, no SER, e assim em Mim.

(36) Ainda que sejas o mais pecador de todos os pecadores, cruzarás sobre todo pecado com a balsa da sabedoria.

(37) Assim como o fogo ardente reduz o combustível a cinzas, Oh Arjuna, assim o fogo da sabedoria reduz todas as ações a cinzas.

(38) Em verdade, neste mundo não há purificador semelhante à sabedoria, quem se aperfeiçoa no *Yoga* a encontra no SER no devido tempo.

(39) O homem que está pleno de fé[131] e também domina seus sentidos obtém a sabedoria; e após ob-

---

[130] Literalmente, caindo aos pés, i.e. aos pés do mestre.

[131] Aquele que é cuidadoso na fé.

ter a sabedoria, segue rapidamente para a suprema Paz.

(40) Mas o eu ignorante, incrédulo, duvidador segue para a destruição[132]; para o eu que duvida não existe nem este mundo, nem aquele mais além, nem felicidade.

(41) Para aquele que renunciou às ações pelo *Yoga,* que cinde a dúvida com a sabedoria, que é governado pelo SER,[133] as ações não o prendem, Oh Dhanañjaya.

(42) Portanto, com a espada da sabedoria do SER, cinde esta dúvida nascida da ignorância, que mora em teu coração, estabelece-te no *Yoga*. Levanta-te, Oh Bhārata.

Dessa forma, o quarto discurso do diálogo entre Shri Krishna e Arjuna, nos gloriosos *Upanixades* [da obra] *BHAGAVAD-GITĀ,* – Ciência do ETERNO, Escritura do *Yoga,* intitula-se:

O *YOGA* DA SABEDORIA.

---

[132] Vide nota 106, na p. 59-60. (N.T.)

[133] Madhusudana Sarasvati explica *ātmavantam* como "sempre alerta".

V Discurso

O Yoga da Renúncia da Ação

(1) **Arjuna disse:** Exaltas a renúncia das ações, Oh Krishna, e então também o *Yoga*. Qual é o melhor de ambos? Dize-mo conclusivamente.

(2) **O Senhor Bem-aventurado disse:** A renúncia e o *Yoga* pela ação ambos conduzem à bem-aventurança suprema; de ambos, o *Yoga* pela ação é verdadeiramente melhor do que a renúncia da ação.

(3) Há de conhecer-se como um asceta[134] perpétuo, quem não odeia nem deseja; livre dos pares de opostos, facilmente se libera da escravidão, Oh potentemente armado.

[134] *Sannyāsin:* aquele que renuncia a tudo.

(4) As crianças, não os Sábios, falam do *Sānkhya*[135] e do *Yoga*[136] como diferentes; quem se estabelece devidamente em um, obtém os frutos de ambos.

(5) O lugar conquistado pelos *Sānkhya-s* é também alcançado pelos Iogues. Aquele que vê, vê que o *Sānkhya* e o *Yoga* são um.

(6) Porém sem o *Yoga,* Oh potentemente armado, é difícil alcançar a renúncia; o *Muni* harmonizado com o *Yoga* segue rapidamente para o ETERNO.

(7) Aquele que está harmonizado pelo *Yoga,* o autopurificado, o AUTOGOVERNADO, com os sentidos subjugados, cujo SER é o SER de todos os seres, ainda que aja, não é afetado pela ação.

(8) "Nada faço," há de pensar o harmonizado, que conhece a Essência das coisas; ao ver, ouvir, tocar, cheirar, comer, mover, dormir, respirar,

---

[135] Um dos seis sistemas de filosofia indiana que trata da evolução.

[136] Outro dos mesmos sistemas que trata da meditação.

(9) Falar, dar, pegar, abrir e fechar os olhos, afirma: "Os sentidos movem-se entre os objetos dos sentidos".

(10) Aquele que age, pondo todas as ações no ETERNO, abandonando o apego, não é afetado pelo pecado, assim como as águas não afetam a folha de lótus.

(11) Os Iogues, tendo abandonado o apego, cumprem a ação somente com o corpo, com a mente[137], com a Razão[138], e até com os sentidos, para a purificação do eu.

(12) O homem harmonizado, tendo abandonado o fruto da ação, alcança a Paz eterna; os não harmonizados, impelidos pelo desejo, apegados ao fruto, estão presos.

(13) Ao renunciar mentalmente a todas as ações, o soberano morador do corpo descansa serenamente na cidade de nove portais[139], nem agindo nem causando ações.

---

[137] *Manas.*

[138] *Buddhi.*

[139] O corpo: frequentemente chamado a cidade do ETERNO.

(14) O Senhor do mundo não produz a ideia de atividade, nem as ações, nem a união da ação e seu fruto; contudo a natureza[140] se manifesta.

(15) O Senhor não assume a má ação nem a boa ação de ninguém. A sabedoria está envolta pela ignorância[141]; ali os mortais se iludem.

(16) Em verdade, em quem a ignorância[141] é destruída pela sabedoria do SER, naqueles a sabedoria, brilhando como o Sol, revela o Supremo.

(17) Pensando N'AQUELE, submersos N'AQUELE, estabelecidos N'AQUELE, devotados unicamente ÀQUELE, seguem para onde não há retorno, com seus pecados dissipados pela sabedoria.

(18) Os Sábios olham igualmente para um *brāhmana*, adornado com erudição e humildade, para uma vaca, para um elefante, e até para um cão e para um pária[142].

---

[140] Conforme se esclarece no XIII Discurso, versículo 30, a natureza material age por si mesma, segundo as qualidades da matéria ou *guna-s*, enquanto o SER espiritual é inativo. (N.T.)

[141] No original em inglês *unwisdom*, literalmente incompreensão ou não sabedoria. (N.T.)

[142] *Shvapaka*, a mais baixa classe dos sem casta.

(19) Até aqui na Terra tudo é superado por aqueles cuja mente[143] permanece equilibrada; o ETERNO é incorruptível e equilibrado; portanto, eles se estabelecem no ETERNO.

(20) Com a Razão[144] firme, indubitável, o conhecedor do ETERNO, estabelecido no ETERNO, nem se regozija em obter o prazeroso, nem se aflige por obter o desagradável.

(21) Aquele, cujo eu está desapegado dos contatos externos, encontra alegria no SER, tendo se harmonizado com o ETERNO pelo *Yoga*, desfruta de bem-aventurança imperecível.

(22) Os prazeres que nascem do contato são, em verdade, ventres de dor, pois eles têm início e fim, Oh Kaunteya; neles não pode regozijar-se o sábio.

(23) Aquele que é capaz de suportar aqui na Terra, antes de liberar-se do corpo, a força nascida do desejo e da paixão, está harmonizado, é um homem feliz.

143 *Manas.*

144 *Buddhi.*

(24) Aquele que é feliz interiormente, que se regozija interiormente, que é iluminado interiormente, esse Iogue, tornando-se o ETERNO, segue para a Paz[145] do ETERNO.

(25) Os *Rishi-s*, com seus pecados destruídos, com sua dualidade eliminada, com seus eus controlados, concentrados no bem-estar de todos os seres, obtêm a Paz[145] do ETERNO.

(26) A Paz[146] do ETERNO está próxima daqueles que conhecem a si mesmos, que estão apartados do desejo e da paixão, de natureza subjugada, de pensamentos subjugados;

(27) O Sábio, tendo excluído os contatos externos, e com olhar fixo entre as sobrancelhas, tendo equilibradas as expirações e inspirações que se movem dentro das narinas;

(28) Com os sentidos, a mente,[147] e a Razão[148] sempre controlados, perseguindo unicamente a liber-

---

[145] *Nirvāna.*

[146] *Nirvāna.*

[147] *Manas.*

[148] *Buddhi.*

tação; esse Sábio, tendo para sempre jogado fora o desejo, o medo e a paixão, está verdadeiramente liberado.

(29) Após conhecer-Me, como Aquele que desfruta do sacrifício e da austeridade, o poderoso governante de todos os mundos, e Aquele que ama todos os seres, segue para a Paz.

Dessa forma, o quinto discurso do diálogo entre Sri Krishna e Arjuna, nos gloriosos *Upanixades* [da obra] *BHAGAVAD-GITĀ*, – Ciência do ETERNO, Escritura do *Yoga*, intitula-se:

O *YOGA* DA RENÚNCIA DA AÇÃO.

VI Discurso

O Yoga do Autodomínio

(1) **O Senhor Bem-aventurado disse:** Aquele que realiza tal ação como dever, independentemente do fruto da ação, é um asceta[149], é um Iogue, e não aquele que carece de fogo e rituais.

(2) O que se chama renúncia, deves conhecê-lo como *Yoga,* Oh Pāndava; tampouco ninguém torna-se um Iogue sem renunciar à vontade[150] formativa.

(3) Para o Sábio que busca o *Yoga,* a ação é chamada o meio; para o mesmo Sábio entronizado no *Yoga,* a serenidade é chamada o meio.

---

[149] O asceta, o *sannyāsin,* não acende fogo sacrificial e não realiza sacrifícios nem cerimônias; mas meramente omiti-los, sem verdadeira renúncia, não é ser um real asceta.

[150] *Sankalpa,* a faculdade imaginativa que faz planos para o futuro.

(4) Quando um homem não sente apego pelos objetos dos sentidos nem por ações, renunciando à vontade[151] formativa, então se diz que está entronizado no *Yoga*.

(5) Que ele eleve o eu mediante o SER, e que o eu não se deprima, pois, verdadeiramente, o SER é o amigo do eu, e também o SER é o inimigo do eu;

(6) O SER é o amigo do eu daquele em quem o eu é vencido pelo SER; mas para o eu[152] não subjugado, em verdade o SER torna-se hostil como um inimigo.

(7) O Eu superior daquele que é autocontrolado e pacífico, é uniforme no frio e no calor, no prazer e na dor, bem como na honra e na desonra.

(8) O Iogue[153] que, firmemente[154], se satisfaz com a sabedoria e o conhecimento, aquele cujos sentidos estão subjugados, aquele para quem um torrão de

---

[151] *Sankalpa*.

[152] Literalmente, o não eu [que representa os hábitos automáticos, ou atividade independente dos *guna-s* ou qualidades da matéria, sem o controle do SER. Vide discurso XIII, 30, N.T.].

[153] A palavra Iogue é usada para qualquer um que pratique o *Yoga*, tanto quanto para o homem que alcançou a união.

[154] Literalmente, sentado numa rocha.

terra, uma pedra e ouro são a mesma coisa, diz-se que está harmonizado.

(9) Excele quem considera imparcialmente benquerentes, amigos e inimigos, estranhos, neutros, estrangeiros e parentes, bem como virtuosos e iníquos.

(10) Que o Iogue se dedique constantemente ao *Yoga,* permanecendo em um local secreto, com o pensamento e o eu subjugados, livre de cobiça e expectativa.

(11) Em um lugar puro, e firme para sentar, de sua propriedade, nem muito alto nem muito baixo, tendo sobre si um pano, uma pele[155] de antílope negro e erva *kusha,* um sobre o outro.

(12) Ali, havendo tornado a mente[156] unidirecional, com o pensamento e as funções dos sentidos subjugados, firme em seu assento, ele pratica *Yoga* para a purificação do eu.

---

[155] Na Índia, existe a tradição de usar-se couro de animais que morreram naturalmente. (N.T.)

[156] *Manas.*

(13) Mantendo o corpo, a cabeça e o pescoço eretos, imovelmente firme, olhando fixamente para a ponta do nariz, com olhar vago;

(14) Com o eu sereno, sem temor, firme no voto do *Brahmachārin*[157], a mente[158] controlada pensando em Mim, harmonizado, que permaneça sentado aspirando por Mim.

(15) O Iogue, sempre assim unido com o SER, com a mente controlada segue para a Paz, para a Bem-aventurança suprema[159] que habita em Mim.

(16) Em verdade, *Yoga* não é para quem come demais, nem para quem se abstém em excesso, nem para quem é demasiado afeito a dormir, nem para quem é demasiado afeito à vigília, Oh Arjuna.

(17) O *Yoga* mata todo o sofrimento para aquele que é moderado na comida e na diversão, moderado na realização das ações, moderado no sono e na vigília.

---

157 *Brahmachārin* é um homem que mantém o voto de continência, um celibatário.

158 *Manas*.

159 *Nirvāna*.

(18) Quando seu pensamento subjugado está fixo no SER, livre da cobiça de todas as coisas desejáveis, então se diz que [o Iogue] "está harmonizado".

(19) Assim como uma lâmpada não tremeluz em um lugar sem vento, a tal se assemelha o Iogue de pensamento subjugado, absorto no *Yoga* do SER.

(20) Aquele no qual a mente acha repouso, aquietada pela prática do *Yoga*; aquele no qual o Iogue, vendo o SER por meio do SER, com o SER se satisfaz;

(21) No SER ele encontra o deleite supremo que a Razão[160] pode alcançar além dos sentidos, onde estabelecido, [o Iogue] não se move da Realidade.

(22) Que, havendo-a obtido, pensa não haver maior ganho além dela; onde está estabelecido, ele não é abalado por qualquer sofrimento;

(23) Esta desconexão do vínculo[161] com a dor, deve conhecer-se pelo nome de *Yoga*. A este *Yoga* deve-se

---

160 *Buddhi*.

161 Literalmente, *"union"* no original. (N.T.)

aderir com uma firme convicção e mente[162] livre de desalento.

(24) Abandonando sem reserva todos os desejos nascidos da imaginação[163], controlando com a mente[164] o agregado dos sentidos por todos os lados.

(25) Que pouco a pouco ganhe tranquilidade, por meio da Razão[165] controlada com firmeza; tendo feito que a mente[166] habite no SER, que não pense em nada.

(26) Controlando a mente com tanta frequência quanto ela for oscilante e instável, que a traga sob o controle do SER.

(27) A alegria suprema vem para esse Iogue cuja mente é pacífica, cuja natureza passional é calma, que é imaculado e da natureza do ETERNO.

---

[162] *Chetas.*

[163] *Sankalpa.*

[164] *Manas.*

[165] *Buddhi.*

[166] *Manas.*

(28) O Iogue que assim sempre harmonizando o eu, eliminou o pecado, facilmente se deleita com a bem-aventurança infinita do contato com o ETERNO.

(29) O eu, harmonizado pelo *Yoga*, vê o SER que habita em todos os seres, e todos os seres no SER; em toda a parte vê o mesmo.

(30) Aquele que Me vê em toda a parte, e vê tudo em mim, Eu nunca o abandonarei, e ele jamais se perderá de Mim.

(31) Aquele que, estabelecido na unidade, Me adora, habitando em todos os seres, esse Iogue vive em Mim, seja qual for seu modo de vida.

(32) Aquele que, através da semelhança com o SER,[167] Oh Arjuna, vê igualdade em tudo, seja agradável ou doloroso, é considerado um Iogue perfeito.

(33) **Arjuna disse:** Eu não vejo um alicerce estável para esse *Yoga* que Tu declaraste existir pela equanimidade, devido ao desassossego;

---

[167] O mesmo SER que brilha no coração de cada um.

(34) Pois a mente[168] é em verdade inquieta, Oh Krishna; é impetuosa, forte e difícil de subjugar. Julgo que é tão difícil de controlar quanto o vento.

(35) **O Senhor Bem-aventurado disse:** Sem dúvida, Oh potentemente armado, a mente[168] é difícil de subjugar e inquieta; porém ela pode ser controlada pela prática constante[169] e pelo desapego[170].

(36) Eu penso que o *Yoga* é difícil de alcançar por um eu descontrolado; mas para quem controla o Eu, é alcançável pela energia dirigida apropriadamente.

(37) **Arjuna disse:** Aquele que não se subjugou, mas que possui fé, com a mente[171] divagando longe do *Yoga*, fracassando em alcançar a perfeição no *Yoga*, que senda percorre, Oh Krishna?

---

168 *Manas.*

169 *Abhyāsa*, no original sânscrito, literalmente "sentar perto constante e persistentemente", contemplação do Ser Uno em tudo.

170 *Vairāgya*, no original sânscrito; traduzido por desapaixonamento em inglês; literalmente "não desejo", cessação de todos os desejos. [ausência de desejos pessoais, N.T.]

171 *Manas.*

(38) Tendo fracassado em ambas[172], Oh potentemente armado, está ele destruído como uma nuvem despedaçada, indeciso, iludido na senda do ETERNO?

(39) Digna-te, Oh Krishna, a dissipar completamente esta minha dúvida; pois além de Ti não há ninguém que se possa encontrar para dissipar esta dúvida.

(40) **O Senhor Bem-aventurado disse:** Oh filho de Prithā, nem neste mundo nem na vida vindoura há destruição para ele; jamais ninguém que trabalhe com retidão, Oh amado, percorre a senda da perdição.

(41) Após alcançar os mundos das ações puras, e havendo habitado lá por anos imemoriais, quem não alcançou o *Yoga* renasce numa casa pura e abençoada;

(42) Ou pode até nascer em uma família de sábios Iogues; porém, semelhante nascimento é muito difícil de se obter neste mundo.

[172] Tanto na senda da ação quanto na senda do *Yoga*. (N.T.)

(43) Ali recupera características pertencentes ao seu corpo anterior, e com estas trabalha novamente para alcançar a perfeição, Oh alegria dos Kuru-s.

(44) O [Iogue], por aquelas práticas anteriores, se vê irresistivelmente impelido. Apenas por desejar conhecer o *Yoga*, até quem busca o *Yoga* vai além da palavra *Brāhmica*[173];

(45) Porém o Iogue que trabalha com assiduidade, purificado do pecado, plenamente aperfeiçoado através de múltiplos nascimentos, alcança a meta suprema.

(46) O Iogue é maior do que os ascetas; é considerado até maior do que os sábios; o Iogue é maior do que os homens de ação; portanto, torna-te um Iogue, Oh Arjuna.

(47) E entre todos os Iogues, ao que está pleno de fé, com o SER interior habitando em Mim, ao que Me adora, é por Mim considerado como o mais completamente harmonizado.

[173] Os *Veda-s*.

Dessa forma, o sexto discurso do diálogo entre Shri Krishna e Arjuna, nos gloriosos *Upanixades* [da obra] *BHAGAVAD-GITĀ*, – Ciência do ETERNO, Escritura do *Yoga*, intitula-se:

O *YOGA* DO AUTODOMÍNIO.

VII Discurso

O Yoga do Discernimento

(1) **O Senhor Bem-aventurado disse:** Escuta, oh Pārtha, com a mente[174] ligado a Mim, cumprindo o *Yoga,* refugiado em Mim, como tu, sem dúvida, Me conhecerás completamente.

(2) Eu manifestarei a ti este conhecimento e sabedoria integralmente, e havendo-os conhecido, não há nada mais aqui que seja necessário conhecer.

(3) Entre milhares de homens, apenas um luta pela perfeição; dos lutadores de sucesso apenas um Me conhece em essência.

[174] *Manas.*

(4) A terra, a água, o fogo, o ar, o éter, a Mente[175], a Razão[176] e também o Egoísmo[177] são a óctupla divisão de Minha natureza[178].

(5) Esta é a inferior. Deves conhecer Minha outra natureza, a superior, o elemento da vida, Oh potentemente armado, com a qual se sustenta o Universo.

(6) Deves saber que esta é a matriz de todos os seres. Eu sou a origem do surgimento de todo o Universo, e de modo semelhante, o lugar de sua dissolução.

(7) Não há nada maior do que Eu, Oh Dhanañjaya. Tudo isso está enfileirado em Mim, como as fileiras de pérolas em um fio.

(8) Eu sou o sabor das águas, Oh filho de Kunti, Eu sou o esplendor da Lua e do Sol, Eu sou a Palavra de Poder[179] em todos os *Veda-s*, Eu sou o som do éter, e a virilidade dos homens.

---

175 *Manas.*

176 *Buddhi.*

177 *Ahamkāra.*

178 *Prakriti,* matéria no sentido mais amplo do termo, incluindo tudo o que tem extensão. A "*Prakriti* Superior," do versículo seguinte, às vezes se chama *Daiviprakriti,* a Luz do *Logos.*

179 O *Pranava,* o *OM* [ou *AUM,* N.T.].

(9) Eu sou a pura fragrância da terra e o brilho do fogo; Eu sou a vida em todos os seres, e a austeridade dos ascetas.

(10) Conhece-Me, Oh Pārtha, como a semente eterna de todos os seres. Eu sou a Razão[180] do dotado de Razão[181], Eu sou o esplendor das coisas esplêndidas Eu sou.

(11) Eu sou a força dos fortes, destituída de desejo e de paixão. Nos seres, Eu sou o desejo que não é contrário ao dever[182], Oh Senhor dos *Bharata-s*.

(12) As naturezas que são harmoniosas, ativas, indolentes[183], deves conhecê-las como oriundas de Mim, não como Eu nelas, mas como elas em Mim.

(13) Todo este mundo, iludido por estas naturezas feitas pelas três qualidades[184] não Me conhece, como acima destas, como imperecível.

---

180 *Buddhi.*

181 *Buddhi.*

182 *Dharma.*

183 *Sāttvicas, Rājasicas, Tāmasicas,* isto é, aquelas nas quais predomina uma das três qualidades: *Sattva, Rajas, Tamas.*

184 *Guna-s.*

(14) Esta minha ilusão divina[185], causada pelas três qualidades[186], é difícil trespassar, aqueles que vêm a Mim atravessam esta ilusão.

(15) Os malvados, os iludidos, os homens perversos não vem a Mim; são aqueles cuja sabedoria está destruída pela ilusão[187], aqueles que abraçaram a natureza dos demônios[188].

(16) Os justos que Me adoram estão divididos em quatro tipos, Oh Arjuna: o sofredor, o que busca o conhecimento, o o que busca riqueza[189] e o sábio, Oh Senhor dos *Bharata-s*.

(17) Destes, o sábio constantemente harmonizado que adora o Uno é o melhor; sou supremamente amado pelo sábio, e este é amado por Mim.

---

185 *Māyā*.

186 *Guna-s*.

187 *Māyā*.

188 *Asura-s*, os oponentes dos *sura-s*, ou deuses.

189 No original inglês: *self-interest*. Aqueles que são movidos por interesse próprio, desejo de riqueza, prosperidade ou qualquer objeto particular. A tradução correlaciona os quatro tipos respectivamente aos *guna-s: tamas, sattva, rajas*, e o sábio como aquele que está além dos três *guna-s*. (N.T.)

(18) Todos estes são nobres, porém considero o sábio como verdadeiramente Eu Mesmo; ele unido ao SER se fixa em Mim, a Senda suprema.

(19) Ao término de muitos nascimentos, o homem pleno de sabedoria vem a Mim; "Vāsudeva[190] é tudo", disse ele, o *Mahātman*, muito difícil de encontrar.

(20) Aqueles cuja sabedoria foi despedaçada pelos desejos dirigem-se para outros "Brilhantes" [191], recorrendo a várias observâncias externas, de acordo com suas próprias naturezas.

(21) Àquele devoto que busca adorar com fé qualquer aspecto semelhante, em verdade, a esse homem confiro uma fé inabalável.

(22) Dotado com essa fé, ele busca o culto de um daqueles aspectos, e dele obtém o que deseja, mas Eu concedo, em verdade, os benefícios;

---

[190] Um nome referente a Shri Krishna, como o filho de Vāsudeva.

[191] No original sânscrito: *Devatas*, ou seja, outros deuses que não Vāsudeva. (N.T.)

(23) Finito é certamente o fruto que pertence aos de pouca inteligência. Aos Brilhantes dirigem-se os adoradores dos Brilhantes, porém os Meus devotos vêm a Mim.

(24) Os destituídos de Razão[192] pensam em Mim, o imanifesto, como se Eu tivesse manifestação, desconhecendo Minha natureza suprema, imperecível, a mais esplêndida.

(25) Velado pelo meu poder de criação e ilusão[193] Eu não sou por todos descoberto. Este mundo iludido não Me conhece, o não nascido, o imperecível.

(26) Conheço os seres que são passado, que são presente, e que virão, Oh Arjuna, porém nenhum Me conhece.

(27) Pela ilusão dos pares de opostos, que surgiram da atração e repulsão, Oh Bhārata, todos os seres percorrem este universo totalmente iludidos, Oh Parantapa.

---

[192] *Buddhi.*

[193] *Yoga-māyā*, o poder criativo do *Yoga*, sendo todos os seres as formas-pensamento do Uno.

(28) Porém, aqueles homens de ações puras, nos quais o pecado chegou ao fim, livres dos ilusórios pares de opostos, Me adoram, firmes em seus votos.

(29) Aqueles que, refugiados em Mim, empenham--se pela libertação do nascimento e da morte, conhecem o ETERNO, o autoconhecimento total, e toda a ação.

(30) Aqueles que Me conhecem como o conhecimento dos elementos, como o conhecimento dos Brilhantes, e como o conhecimento do Sacrifício[194], harmonizados na mente, conhecem-Me verdadeiramente até no momento da saída[195].

Dessa forma, o sétimo discurso do diálogo entre Shri Krishna e Arjuna, nos gloriosos *Upanixades* [da obra] *BHAGAVAD-GITĀ,* – Ciência do ETERNO, Escritura do *YOGA,* intitula-se:

O *YOGA* DO DISCERNIMENTO[196].

---

[194] Estes seis termos são: *Brahman, Adhyātma, Karma, Adhibhuta, Adhidaiva, Adhiyajña.*

[195] Morte – a saída do corpo.

[196] No original em inglês: *discriminative knowledge.* (N.T.)

VIII Discurso

O Yoga do Indestrutível e Supremo Eterno

(1) **Disse Arjuna:** O que é esse ETERNO[197], que é o conhecimento do SER[198], o que é a ação[199], Oh Purushottama? E o que é que se declara ser o conhecimento dos Elementos[200], o que é chamado de conhecimento dos Brilhantes[201]?

(2) O que é o conhecimento do Sacrifício[202] neste corpo, e como é feito, Oh Madhusudana? E como

197 *Brahman.*
198 *Adhyātma, self-knowledge.*
199 *Karma.*
200 *Adhibhuta.*
201 *Adhidaiva.*
202 *Adhiyajña.*

os autocontrolados[203] podem Te conhecer no momento da morte?

(3) **O Senhor Bem-aventurado disse:** O indestrutível, o supremo é o ETERNO[204]; Sua natureza essencial é chamada conhecimento do SER[205], a emanação que causa o nascimento dos seres se denomina Ação[206];

(4) O conhecimento dos Elementos[207] concerne à Minha natureza perecível, e o conhecimento dos Brilhantes[208] concerne à energia[209] que dá vida; o conhecimento do Sacrifício[210] dá evidência de Mim como quem usa o corpo[211], Oh melhor dos seres vivos.

---

203 No original em inglês: *SELF-controlled*. (N.T.).

204 *Brahman.*

205 *Adhyātma, SELF-knowledge.*

206 *Karma.*

207 *Adhibhuta.*

208 *Adhidaiva.*

209 *Purusha,* a energia criadora masculina. O *Purusha* supremo é o Homem Divino, O Deus manifesto.

210 *Adhiyajña.*

211 Diz a Escritura: "Eu sou a Divindade relacionada com todos os atos de sacrifício no corpo." Uma vez que um ato de sacrifício tem de ser realizado pelo corpo, é dito que é inerente a ele, e como tal, pode ser dito que habita no corpo. (N.T.)

(5) Aquele que, ao desprender-se do corpo, segue pensando somente em Mim no momento final, entra no Meu Ser; não há dúvida disso.

(6) Aquele que no final abandone o corpo pensando em algum ser, somente a esse se dirige, Oh Kaunteya, posto que a ele adaptou sua natureza.

(7) Portanto, em todos os tempos, pensa somente em Mim e luta. Com a mente[212] e a Razão[213] postas em Mim, sem dúvida tu virás a Mim.

(8) Com a mente[214] sem vaguear em nada mais, harmonizado pela prática contínua, constantemente meditando, Oh Pārtha, vai-se para o Espírito supremo e divino.

(9) Aquele que pensa sobre o Antigo, o Onisciente, o Onigovernante, o mais diminuto do diminuto, o sustentador de todos, de forma inimaginável, refulgente como o sol além da escuridão,

---

[212] *Manas.*

[213] *Buddhi.*

[214] *Chetas.*

(10) No momento final, com a mente[215] inabalável, fixa na devoção, pelo poder do *Yoga,* concentrando seu alento vital no centro entre as sobrancelhas, esse segue para o Espírito supremo e divino.

(11) Eu te declararei brevemente aquela senda afirmada indestrutível pelos conhecedores dos *Veda-s,* onde ingressam aqueles livres de paixão e controlados, e com cujo anelo se cumpre o *Brahmacharya.*[216]

(12) Com todos os portais[217] fechados, a mente confinada no coração, o alento vital fixo em sua própria cabeça, concentrado pelo *Yoga;*

(13) Recitando *"Om!"*, o ETERNO unissilábico, pensando em Mim, aquele que sai, ao abandonar o corpo, segue a senda suprema.

(14) Aquele que pensa constantemente em Mim, sem pensar jamais em outro, Oh Pārtha, este Iogue sempre harmonizado, me alcança facilmente.

---

[215] *Manas.*

[216] O voto de continência ou celibato.

[217] Os portais do corpo, i.e., os órgãos dos sentidos.

(15) Havendo chegado a Mim, estes *Mahātman-s* não voltam a nascer, neste não eterno lugar de dor; eles foram para a bem-aventurança suprema.

(16) Os mundos, que iniciaram com o mundo de *Brahmā*, vêm e vão, Oh Arjuna, mas aquele que veio a Mim, Oh Kaunteya, não conhece mais o nascimento.

(17) As pessoas que conhecem o dia de *Brahmā*, de mil idades[218] de duração, e a noite de mil idades de término, conhecem o dia e a noite.

(18) Ao chegar o dia, todas as manifestações surgem do não manifestado; ao chegar a noite, elas se dissolvem, inclusive n'Aquele que se chama não manifestado.

(19) Esta multidão de seres, surgindo repetidamente, se dissolve ao chegar a noite; por ordenamento, Oh Pārtha, surge ao chegar o dia.

(20) Portanto, em verdade existe, superior ao não manifestado, outro não manifestado, eterno, que na destruição de todos os seres não é destruído.

---

[218] *Yuga-s.*

(21) Esse não manifestado se chama "o Indestrutível", denomina-se a Senda suprema. Aqueles que a alcançam não retornam. Essa é Minha morada suprema.

(22) O Espírito Supremo[219], Oh Pārtha, pode alcançar-se pela devoção inabalável somente a Ele, em quem todos os seres moram, por quem tudo Isso[220] é impregnado.

(23) Manifestarei a ti, Oh Príncipe dos *Bharata-s*, o tempo em que os Iogues que saem não retornam, e também o tempo em que os que saem retornam.

(24) No fogo, na luz, no tempo diurno, na quinzena brilhante[221], nos seis meses da senda setentrional[222] — então, ao sair, os homens que conhecem o ETERNO vão para o ETERNO.

(25) Na fumaça, no tempo noturno, também na quinzena escura[223], nos seis meses da senda meri-

---

[219] *Purusha.*

[220] Isso, o Universo, em oposição ÀQUELE, a fonte de tudo.

[221] Período entre a Lua nova e a Lua cheia. (N.T.)

[222] Do Sol. [Quando o Sol apresenta declinação Norte, N.T.]

[223] Período entre a Lua cheia e a Lua nova. (N.T.)

dional[224] — então o Iogue, ao obter a luz lunar[225], retorna.

(26) Pensa-se que a luz e a escuridão são as eternas sendas do mundo; pela luz, vai quem não retorna; pela escuridão, vai quem retorna novamente.

(27) Conhecendo estas sendas, Oh Pārtha, o Iogue não se confunde de modo algum. Portanto, em todos os tempos, mantém-te firme no *Yoga*, Oh Arjuna.

(28) O fruto de ações meritórias, unido aos sacrifícios nos *Veda-s*, às austeridades, e também à caridade, tendo conhecido e passado por tudo isso, o Iogue segue para o assento supremo e antigo.

---

[224] Do Sol. [Quando o Sol apresenta declinação Sul, N.T.]
[225] A lunar, ou corpo astral. Até que se mate o corpo astral, a alma volta a nascer. [Simbolizando a necessidade de eliminar os desejos que prendem à terra para chegar ao *Nirvāna*. Infelizmente, os desejos estão enraizados no ego psicológico, no Plano Mental, e portanto, sem transcender o ego psicológico e a mente, não é possível ingressar no *Nirvāna* e libertar-se das encarnações compulsórias, N.T.]

Dessa forma, o oitavo discurso entre Shri Krishna e Arjuna, nos gloriosos *Upanixades* [da obra] *BHAGAVAD-GITĀ* – Ciência do ETERNO, Escritura do *YOGA*. Intitula-se:

O *YOGA* DO INDESTRUTÍVEL

E SUPREMO ETERNO.

IX Discurso

O Yoga da Ciência Régia e do Segredo Régio

(1) **O Senhor Bem-aventurado disse:** Em verdade a ti, que não sofismas, Eu manifestarei este Segredo mais profundo, sabedoria e conhecimento combinados; havendo-o conhecido te livrarás do mal.

(2) A Ciência régia, o Segredo régio, o Purificador supremo; intuitivo, de acordo com a retidão[226], muito fácil de cumprir, imperecível.

(3) Os homens sem fé neste conhecimento[227], Oh Parantapa, não Me alcançando, retornam às sendas deste mundo de morte.

---

[226] *Dharma.*

[227] *Dharma.*

(4) Todo este mundo está impregnado por Mim em Meu aspecto não manifestado; todos os seres têm a raiz em Mim, mas Eu não estou enraizado neles.

(5) Entretanto, contempla o meu soberano *Yoga*, nem os seres têm a raiz em Mim. Ainda que o sustento dos seres não esteja enraizado nos seres, Meu SER é sua causa eficiente[228].

(6) Tal como o ar poderoso que se move por toda a parte está enraizado no éter[229], do mesmo modo todos os seres descansam enraizados em Mim: – assim deves sabê-lo.

(7) Todos os seres, Oh Kaunteya, entram em minha natureza inferior[230] ao final de uma idade do mundo[231]; ao início de uma idade do mundo[231], novamente Eu os emano.

---

228 O SER supremo é a causa eficiente de todos os seres, é autossuficiente e não está enraizado nos seres, sendo sua relação com eles puramente espiritual, uma vez que a relação com os agregados corporais é ilusória. Vide discurso X, versículo 42. (N.T.)

229 *Ākāsha*.

230 *Prakriti*. [Vide discurso VII, versículo 4 e respectivas notas, N.T.]

231 *Kalpa*, um período de atividade, de manifestação.

(8) Oculto na natureza[232], que é Minha própria, Eu emano uma e outra vez toda esta multidão de seres inermes[233], pela força da natureza.[232]

(9) Nem estas obras Me viculam, Oh Dhanañjaya, entronizado no alto, desapegado das ações.

(10) Sob Minha Supervisão, a Natureza[232] produz o móvel e o imóvel; devido a isso, Oh Kaunteya, o Universo gira.

(11) Os néscios Me desdenham, quando Me revisto de humana aparência, ignorando Minha natureza suprema, com o grande Senhor dos seres;

(12) Vazios de esperança, vazios de ações, vazios de sabedoria, insensatos, participantes do enganoso, de natureza[234] brutal e demoníaca.

---

[232] *Prakriti.*

[233] Inermes perante a força da Natureza e emanadas pela força da Natureza. (N.T.)

[234] *Prakriti.* O *Guna tamásico,* ou qualidade obscura de *Prakriti,* caracteriza os seres aqui mencionados de *rākshasicos* e *āsuricos. Rākshasa-s* eram seres semi-humanos, brutais e sedentos de sangue; *Asura-s* eram os antagonistas dos *Devā-s.*

(13) Em verdade, Oh Pārtha, os *Mahāt-man-s* que participam de Minha natureza divina, Me adoram com mente[235] inabalável, havendo conhecido a Mim, a fonte imperecível dos seres.

(14) Exaltando-Me sempre, esforçados, firmes nos votos, prostrando-se ante Mim, eles Me adoram com devoção, sempre harmonizados.

(15) Outros Me oferecem o sacrifício da sabedoria, e Me adoram como o Uno e o Múltiplo presente em toda a parte.

(16) Eu sou a oblação; sou o sacrifício; sou a oferenda ancestral; sou a erva que dá fogo; sou o *mantra*; sou também a manteiga; sou o fogo; a oferenda queimada Eu sou;

(17) Eu sou o Pai deste Universo, a Mãe, o Sustentador, o Avô, o Santo a conhecer-se, a Palavra de Poder[236], e também o *Rik, Sāman* e *Yajus*[237].

---

[235] *Manas.*

[236] *Omkāra,* a Palavra Sagrada: *Om.*

[237] Os Três *Veda-s.*

(18) Eu sou a Senda, o Esposo, o Senhor, a Testemunha, a Morada, o Refúgio, o Amigo, a Origem, a Dissolução, o Alicerce, a Casa do Tesouro, a Semente imperecível.

(19) Eu dou calor, detenho e envio a chuva; sou a imortalidade e também a morte, o ser e o não ser[238] Eu sou, Oh Arjuna.

(20) Os conhecedores dos três[239], os bebedores do Soma, os purificados do pecado, os que Me adoram com o sacrifício, rogam-Me o caminho do Céu; ascendendo até o santo mundo do Governante dos Brilhantes, alimentam-se no Céu com os divinos banquetes dos Brilhantes.

(21) Havendo desfrutado do espaçoso mundo celeste, decaída sua santidade[240], voltam a este mundo de morte. Seguindo as virtudes ordenadas pelos três[241], querendo os desejos, obtém o transitório.

---

[238] *Sat* e *Asat* , o par de opostos finais, além dos quais está unicamente o Uno.

[239] Os Três *Veda-s*.

[240] Terminado o fruto de suas boas ações, sua recompensa é exaurida.

[241] *Veda-s*.

(22) Aos homens que adoram a Mim somente, sem pensar em outro, aos sempre harmoniosos, levo segurança plena.

(23) Mesmo os devotos dos demais Brilhantes, que adoram cheios de fé, também Me adoram, Oh filho de Kunti, ainda que contra a lei antiga.

(24) Eu sou, na verdade, Aquele que desfruta de todos os sacrifícios e também o Senhor, porém eles não Me conhecem em Essência, e por isso, caem.

(25) Aqueles que adoram os Brilhantes dirigem-se aos Brilhantes; aos Ancestrais[242] dirigem-se os adoradores de Ancestrais; aos Elementais[243] dirigem-se aqueles que sacrificam aos Elementais; mas Meus adoradores vêm a Mim.

(26) Daquele que com devoção Me oferece uma folha, uma flor, uma fruta, água, o aceito por esforçar-se, porque foi oferendado com devoção.

(27) Tudo quanto faças, quanto comas, quanto ofereças, quanto does, quanto realizes com austeri-

[242] *Pitri-s.*

[243] *Bhutas,* Elementais ou espíritos da Natureza.

dade, Oh Kaunteya, faça-o como uma oferenda a Mim.

(28) Assim serás liberado dos vínculos da ação, que dão frutos bons e maus; harmonizado pelo *Yoga* da renúncia, virás a Mim quando te liberares.

(29) Sou o mesmo para todos os seres, para Mim não há nada odioso nem querido. Aqueles que, em verdade, Me adoram com devoção, estão em Mim e Eu também neles.

(30) Mesmo o mais pecador, se Me adorar de todo o coração, deverá ser contado entre os justos, porque se determinou corretamente.

(31) Rapidamente, ele torna-se obediente e segue para a paz eterna, Oh Kaunteya; tem por certo que Meu devoto nunca perecerá.

(32) Aqueles que se refugiam em Mim, Oh Pārtha, ainda que do ventre do pecado, mulheres, *Vaishya-s*[244], até *Shudra-s*[245], também percorrem a Senda suprema.

---

[244] A casta mercantil, a terceira.

[245] A classe trabalhadora manual, a quarta.

(33) Quanto mais ainda, então, os santos *Brāhmana-s* e os devotos santos régios; havendo obtido este mundo transitório, sem alegria, adoram-Me.

(34) Fixa em Mim tua mente[246]; seja Meu devoto, sacrifica a Mim; prosta-te ante Mim; assim harmonizado no SER, virás a Mim tendo-ME como tua meta suprema.

Dessa forma, o nono discurso entre Sri Krishna e Arjuna, nos gloriosos *Upanixades* [da obra] *BHAGAVAD-GITĀ*, – Ciência do ETERNO, Escritura do *Yoga*, intitula-se:

O *YOGA* DA CIÊNCIA RÉGIA

E DO SEGREDO RÉGIO

[246] *Manas.*

X Discurso

O Yoga da Soberania

(1) **O Senhor Bem-aventurado disse:** Novamente, Oh potentemente armado, ouve Minha palavra Suprema, que desejoso de teu bem-estar, manifestarei a ti, que és Meu amado.

(2) A multitude dos Brilhantes, ou os grandes *Rishi-s*[247], não conhecem a Minha origem, pois sou o princípio de todos os Brilhantes e dos grandes *Rishi-s*,

(3) Aquele que, entre os mortais sem ilusão, Me conhece como o não nascido, sem princípio, o grande Senhor do mundo, libera-se de todo o pecado.

---

[247] Um *Rishi* é um homem que completou sua evoluçao humana, porém permanece nas regiões superfísicas em contato com a Terra, com o fim de ajudar a humanidade.

(4) Razão[248], sabedoria, não ilusão, perdão, verdade, autorrestrição, calma, prazer, dor, existência, não existência, medo e também coragem,

(5) Inofensividade, equanimidade, contentamento, austeridade, caridade, fama e vitupério são as diversas características dos seres emanados de Mim.

(6) Os sete grandes *Rishi-s,* os antigos Quatro[249], e também os *Manu-s*[250], nasceram de Minha natureza e Minha mente; a partir deles foi gerada esta raça.

(7) Quem conhece em essência Minha soberania e Meu *Yoga,* se harmoniza pelo firme *Yoga*; não há dúvida sobre isso.

(8) Sou o Gerador de tudo; tudo evolui de Mim; ao entender assim, os sábios Me adoram com arrebatada emoção.

(9) Atentos a Mim, com sua vida oculta em Mim, iluminando-se reciprocamente, conversando sempre sobre Mim, estão contentes e jubilosos.

---

248 *Buddhi.*

249 Os quatro *Kumāra-s,* ou Jovens Virgens, os mais elevados na Hierarquia Oculta desta Terra.

250 Os chefes e legisladores de uma raça.

(10) A estes, sempre harmoniosos e adorando-Me com amor, dou o *Yoga* do discernimento[251] pelo qual vêm a Mim.

(11) Por pura compaixão a eles, habitando dentro de seu SER, destruo a escuridão nascida da ignorância, mediante a lâmpada brilhante da sabedoria.

(12) **Arjuna disse:** És o ETERNO supremo, a suprema Morada, a suprema Pureza, o homem eterno e divino, a Deidade prístina, o não nascido, o Senhor!

(13) Todos os *Rishi-s* assim Te aclamaram, como também o *Rishi* divino, Nārada; assim como Asita, Devala e Vyāsa; e agora Tu mesmo me dizes.

(14) Creio ser verdadeiro tudo isso que me dizes, Oh Keshava. Tua manifestação, Oh Senhor Bem-aventurado, não a compreendem nem os Brilhantes nem os *Dānava-s*[252].

(15) Em verdade, Te conheces por Ti mesmo, Oh Purushottama; Origem dos seres, Senhor dos seres, Brilhante dos Brilhantes, Governador do mundo!

---

[251] *Buddhi-Yoga.*

[252] Semideuses no sentido grego.

(16) Digna-Te revelar-me sem reservas Tuas glórias divinas, pelas quais permaneces, impregnando estes mundos.

(17) Como posso conhecer-Te, Oh Iogue, mediante meditação constante? Em quais aspectos hei de pensar em Ti, Oh Senhor Bem-aventurado?

(18) Revela-me, de novo, pormenorizadamente, Teu *Yoga* e Tua glória, Oh Janārdana; para mim jamais há saciedade em ouvir Tuas palavras doadoras de vida.

(19) **O Senhor Bem-aventurado disse:** Bem-aventurado sejas! Eu te manifestarei Minha glória divina por suas principais características, Oh Melhor dos Kuru-s; Meus pormenores não têm fim.

(20) Oh Gudākesha, Eu sou o SER, assentado no coração de todos os seres; Eu sou o princípio, o meio e também o fim de todos os seres.

(21) Eu sou *Vishnu* dos *Āditya-s;* o glorioso Sol dos raios; sou *Marichi* dos *Marut-s;* dos luminares, Eu sou a Lua.

(22) Eu sou o *Sāma-Veda* dos *Veda-s*; Eu sou Vāsava[253] dos Brilhantes; e sou a mente[254] dos sentidos; Eu sou a inteligência[255] dos seres vivos.

(23) E Eu sou Shankara dos *Rudra-s*[256]; Vittesha[257] dos *Yaksha-s* e *Rākshasa-s*[258]; e sou *Pāvaka* dos *Vasu-s*[256]; O Meru das altas montanhas Eu sou.

(24) Deves conhecer-Me, Oh Pārtha, como Brihaspati, o principal dos sacerdotes da Casa Régia; sou o Skanda dos generais; Eu sou o oceano dos lagos.

(25) Eu sou Bhrigu dos grandes *Rishi-s*; Eu sou a sílaba única[259] da palavra; sou o sacrifício de repetições silenciosas[260]; sou o Himalaia das coisas imóveis.

---

[253] Indra.

[254] *Manas.*

[255] *Chetanā.*

[256] Seres Celestiais.

[257] Kubera, o Senhor da riqueza.

[258] Seres semi-humanos.

[259] *Om.*

[260] *Japa.*

(26) Eu sou Ashvattha de todas as árvores; e Nārada dos *Rishi-s* divinos; Eu sou Chitraratha dos *Gandharva-s*[261]; Eu sou o Muni Kapila dos perfeitos.

(27) Conhece-Me, nascido do néctar[262], como Uchchaishravas dos cavalos; Airāvata dos régios elefantes; e o Monarca dos homens.

(28) Das armas, Eu sou o raio, Eu sou Kāmadhuk das vacas; sou Kandarpa dos progenitores; das serpentes, Eu sou o Vāsuki.

(29) E Eu sou Ananta dos *Nāga-s*[263]; sou Varuna dos habitantes do mar; e Aryaman dos antepassados; Yama dos governantes Eu sou.

(30) Eu sou Prahlāda dos *Daitya-s*[264]; sou o Tempo dos calculistas; sou a besta imperial das bestas selvagens[265]; e Vainateya dos pássaros.

[261] Cantores celestiais.

[262] *Amrita* , o néctar da imortalidade.

[263] "Serpentes" que foram Instrutores de Sabedoria.

[264] Seres semi-humanos.

[265] Leão.

(31) Eu sou o vento dos purificadores; sou Rāma dos guerreiros; e sou Makara dos peixes; dos rios, Eu sou o Gangā.[266]

(32) Da criação, Eu sou o princípio, o fim e também o meio, Oh Arjuna. Das ciências, Eu sou a ciência concernente ao SER; a palavra dos oradores Eu sou.

(33) Eu sou a letra "A" das letras, e a dualidade de todos os compostos[267]; Eu sou também o Tempo eterno; Eu sou o Sustentador, cuja face se volta para toda a parte.

(34) E sou a morte que tudo devora; e a origem de tudo que virá; das qualidades femininas, Eu sou a fama, a prosperidade, a palavra, a memória, a inteligência, a constância e a misericórdia.

(35) Eu sou Brihatsāman dos hinos, Eu sou Gāyatri das métricas; sou Mārgashircha dos meses; e o florido das estações.

---

[266] Ganges. (N.T.)

[267] *Dvandva.*

(36) Eu sou a trapaça[268] do trapaceiro, o esplendor das coisas esplêndidas Eu sou; Eu sou a vitória, sou a determinação, e a verdade dos verazes Eu Sou.

(37) Eu sou o Vāsudeva dos *Vrishni-s*[269]; Eu sou Dhanañjaya dos Pāndava-s; também dos sábios[270] Eu sou Vyāsa; e sou Bardo dos poetas Ushanas.

(38) Eu sou o cetro dos governantes; Eu sou a ciência de governar daqueles que buscam a vitória; Eu sou o silêncio dos segredos; o conhecimento dos conhecedores Eu sou.

(39) E qualquer que seja a semente de todos os seres, Aquele sou Eu, Oh Arjuna; nem há nada, móvel ou imóvel, que exista sem Mim.

(40) Meus poderes divinos não têm fim, Oh Parantapa. O manifestado é ilustrativo de Minha glória infinita.

---

[268] A astúcia, ainda que mal usada, é um aspecto da Inteligência Divina, mas também traz frutos amargos porque está submetida à Lei do *Karma*. Afinal, se a Divindade é onipresente, Ela tem de estar em todas as coisas (N.T.)

[269] Uma família, ou clã, entre os hindus.

[270] *Muni-s*.

(41) Deves entender que tudo quanto é glorioso, bom, belo e poderoso sai de um fragmento de Meu esplendor.

(42) Mas o que é o conhecimento de todos estes pormenores para ti, Oh Arjuna? Havendo impregnado todo este Universo com um único fragmento de Mim mesmo, Eu permaneço[271].

Dessa forma, o décimo discurso entre Sri Krishna e Arjuna, nos gloriosos *Upanixades* [da obra] *BHAGAVAD-GITĀ*, Ciência do ETERNO, Escritura do *YOGA*, intitula-se:

O *YOGA* DA SOBERANIA[272].

[271] Segundo a filosofia da *Bhagavad-Gitā*, Deus ou o Senhor (*Īshvara*) é tanto imanente quanto transcendente, e, portanto, panenteísta, caracterizando uma síntese entre o panteísmo e o teísmo. (N.T.)

[272] Excelência Divina. (N.T.)

XI Discurso

O Yoga da Visão da Forma Universal

(1) **Arjuna disse:** Por compaixão pronunciaste esta palavra do Segredo supremo concernente ao SER; por ela minha ilusão se dissipou.

(2) Oh Tu dos olhos de lótus, Eu ouvi de Ti, pormenorizadamente, sobre o aparecimento e desaparecimento dos seres e também a respeito de Tua imperecível grandeza.

(3) Oh supremo Senhor[273], tal como descreves a Ti mesmo, eu desejo ver Tua forma onipotente, Oh melhor dos seres.

(4) Caso julgues, Oh Senhor do *Yoga*, que posso ver isso, então mostra-me Teu SER imperecível.

[273] *Īshvara,* o Criador e Governante de um Universo.

(5) **O Senhor Bem-aventurado disse:** Olha, Oh Pārtha, uma de Minhas Formas, multiplicada por cem e por mil, de várias espécies, divina, diversa em cores e formas.

(6) Olha os *Āditya-s*, os *Vasu-s*, os *Rudra-s*, os dois *Ashvin-s* e também os *Marut-s*[274]; olha muitas maravilhas nunca vistas antes disto, Oh Bhārata.

(7) Aqui, hoje, olha todo o Universo, móvel e imóvel, resumido integralmente em Meu corpo, Oh Gudākesha, com tudo mais que desejes ver.

(8) Mas, em verdade, não podes olhar-me com esses teus olhos; dou-te o olho divino. Olha Meu *Yoga* soberano.

(9) **Disse Sanjaya:** Oh Rei, havendo assim falado, o grande Senhor do *Yoga*, Hari, mostrou a Pārtha Sua Forma suprema como Senhor[275].

(10) Com múltipas bocas e múltiplos olhos, com diversas visões maravilhosas, com muitos ornamentos divinos, com muitas armas divinas em riste;

---

274 Várias classes de Seres Celestiais.

275 *Īshvara*.

(11) Usando guirlandas e vestimentas divinas, ungidos com unguentos divinos, o Deus todo-maravilhoso, ilimitado, com face voltada para toda parte.

(12) Se o esplendor de mil sóis brilhasse em conjunto no Céu, isso se pareceria à glória desse *Mahātman*.

(13) Ali Pāndava olhou para todo o Universo, dividido em múltiplas partes, resumido integralmente no corpo da Deidade das Deidades.

(14) Então, Dhañanjaya, dominado pelo assombro, com o cabelo eriçado, inclinou sua cabeça para o Brilhante, e de mãos postas, falou.

(15) **Arjuna disse:** Oh Deus, dentro de Tua Forma, eu vejo os deuses, vejo todos os graus de seres com características distintas: *Brahmā,* o Senhor, sobre Seu trono de lótus. Todos os *Rishi-s* e Serpentes Divinas.

(16) Com um grande número de olhos, bocas, braços e peitos, vejo-Te por toda parte, Forma ilimitada. Infinito Senhor, Forma infinita, não encontro em Ti origem, início, meio, nem fim.

(17) Vejo brilhar em toda parte uma imensidão esplendorosa, com escudo, cetro e diadema; como fogo resplandeces e como o Sol imenso deslumbras a visão em qualquer lado do Céu.

(18) Sublime, imortal, além de todo pensamento, és a Casa suprema do tesouro, Todo-imanente; Imutável Guardião do *Dharma* eterno, penso em Ti como Ser[276] imemorial.

(19) Sem origem, nem meio, nem fim; força infinita. De braços inúmeros, o Sol e a Lua são teus olhos. Vejo Tua face, que arde como fogo sacrificial, cujo esplendor incandesce os mundos.

(20) De Ti somente estão plenos os Céus e a Terra. E todas as regiões que entre ambos se estendem; Os três mundos desaparecem, Oh Poderoso Uno, ante Tua tremenda forma manifestada.

(21) Em Ti penetram as hostes dos *Sura-s*, alguns invocando-Te com mãos postas, em reverência; *Maharishi-s* e *Siddha-s*, reunidos, clamam: "Salve!" Entonando louvores a Ti com cânticos ressonantes.

---

[276] *Man*, no original em inglês, ou seja, Homem ou Ser Humano. (N.T.)

(22) *Rudra-s, Vasu-s, Sādhya-s* e *Āditya-s, Visha-s,* os *Ashvin-s, Marut-s, Ushmapā-s, Gandharva-s, Yaksha-s, Siddha-s, Asura-s*[277], em multidão Te contemplam maravilhados.

(23) Os mundos, assim com eu, veem aterrorizados Tua Forma poderosa, com bocas e olhos múltiplos, de longos braços, com pernas e pés inúmeros, de peito vasto, dotado de muitos dentes temíveis.

(24) Radiante, tocas o Céu, colorido de arco-íris, com tuas bocas abertas e teus grandes olhos reluzentes. Meu eu recôndito treme por ter visto a Ti, Oh *Vishnu,* minha força e minha paz esmorecem.

(25) Como chamas destrutoras do tempo, vejo Teus dentes fixos, dispostos em vastas mandíbulas; não sei onde encontrar amparo em parte alguma. Piedade, Oh Deus, refúgio de todos os mundos!

(26) Os filhos de Dhritarāshtra, e com eles a multidão de todos estes reis da Terra, Bhishma, e Drona, o filho real de Suta, e todos os mais nobres guerreiros de nossas hostes,

---

277 Nomes de vários graus de seres superfísicos.

(27) Precipitam-se apressados, em tuas bocas escancaradas, de tremendos dentes e terríveis ao olhar; alguns são pegos e presos entre Teus dentes, e são vistas suas cabeças trituradas em pó no chão.

(28) Como rios transbordados que fluem impetuosamente, lançando suas águas no regaço oceânico, assim, apressadamente, precipitam-se, em Tuas bocas flamejantes, estes poderosos homens, senhores da Terra.

(29) Como mariposas que voam impetuosamente, precipitando-se em um fogo flamejante, para cair destruídas, assim todos esses, com arrebatada rapidez, cairão em Tuas bocas para a destruição.

(30) De todos os lados, todo-devorador de línguas ardentes, consomes a humanidade devorando-a toda; Tua glória preenche o espaço; o Universo queima-se, *Vishnu*, com Teus raios flamejantes.

(31) Revela Teu SER; que forma tremenda tens? Adoro-Te! Tem piedade de mim, Oh Deus supremo! Ardentemente desejo conhecer Teu Ser interno; esta Tua emanante Vida me confunde.

(32) **O Senhor Bem-aventurado disse:** Eu sou o Tempo, que deixa desolado o mundo, manifestado na Terra para matar a humanidade! Nenhum de todos estes guerreiros alinhados para a luta escapará da morte, somente tu sobreviverás.

(33) Portanto, levanta-te! Conquista por ti mesmo o renome, vence teus inimigos, goza do reino repleto de riquezas. Por Mim eles já estão vencidos, sejas tu a causa externa, Oh canhoto!

(34) Drona, Bhisma, Jayadratha e Karna, e todos os outros guerreiros aqui por Mim estão mortos; destrói-os sem medo. Luta! Triturarás teus rivais no campo.

(35) **Sanjaya disse:** Após ouvir estas palavras de Keshava, que usa um diadema, com as palmas postas, trêmulo e prostrando-se, falou novamente a Krishna, tartamudeando de medo, baixando o rosto.

(36) **Arjuna disse:** Hrishikesha! Em Tua magnificência, justamente o mundo se regozija, entoando-Te hinos; Os *Rākshasa-s* de todas as partes fogem temerosos; as hostes dos *Siddha-s* caem prostradas.

(37) Como poderiam fazer de outro modo, Oh mais sublime SER! Causa Primeira! O próprio *Brahmā* não é tão grande quanto Tu. Infinito, Deus dos Deuses, lar de todos os mundos, Imperecível *Sat*[278], *Asat*[279], AQUELE Supremo!

(38) Primeiro dos Deuses, és o Ser[280] mais prístino, Supremo receptáculo de todas as vidas; Conhecedor e conhecido, a morada no alto; em Tua vasta Forma expande-se o Universo.

(39) És Vāyu e Yama, Agni, Lua, Varuna, Pai, Avô de todos; salve, salve a Ti! Mil vezes salve! Salve a Ti! Nova e novamente, salve!

(40) Prostrado frente a Ti, prostrado atrás de Ti; prostrado por todos os lados ante Ti, Oh Todo. De poder ilimitado, de força imensurável, sustentas tudo, portanto Tu és Tudo.

(41) Perdoa-me se eu Te importuno, pensando em Ti como um amigo, Oh Krishna! Oh Yādava! Des-

---

[278] Ser.

[279] Não Ser.

[280] *Man*, no original em inglês, ou seja, Homem ou Ser Humano. (N.T.)

conhecendo Tua Majestade. Oh amigo! Eu gritei, descuidado na ternura de um amor.

(42) Se por gracejo, a Ti me mostrei irreverente, no jogo, no repouso, sentado ou comendo, só ou com meus amigos, Oh Imaculado, perdoa meu erro, Oh Tu ilimitado Uno.

(43) Pai dos mundos, de tudo que é móvel e imóvel, mais digno de reverência que o próprio Guru, nada é igual a Ti. Quem sobrepuja a Ti? Proeminente é Teu poder em todos os mundos.

(44) Portanto eu me prostro diante de Ti, com meu corpo Te adoro como é apropriado; abençoa-me. Como o pai com o filho, como o amigo com o amigo, como aquele que ama em relação ao amado, leva-me contigo.

(45) Vi o que antes ninguém viu, meu coração está alegre, mas fraqueja de medo; mostra-me, Oh Deus, Tua outra Forma novamente, Piedade, Oh Deus dos deuses, lar de todos os mundos.

(46) Diadema, cetro e disco em Tua mão, ansioso desejo ver-Te novamente como antes; assume de

novo Tua forma de quatro braços, Oh Senhor de mil braços e inumeráveis Formas.

(47) **O Senhor Bem-aventurado disse:** Arjuna, por Meu favor viste esta Forma mais sublime revelada pelo Meu *Yoga*! Radiante, toda penetrante, infinita, primeira, que ninguém, exceto tu, jamais viu.

(48) Nem sacrifício, nem os *Veda-s*, nem donativos, nem trabalhos, nem árdua austeridade, nem estudo profundo podem dar a um homem a visão desta Forma, que somente tu, Principal dos Kuru-s, viste.

(49) Não fiques confuso, não temas, porque viste esta Forma tremenda; joga fora o medo, e que teu coração se regozije. Olha novamente Minha forma familiar.

(50) **Sanjaya disse:** Vāsudeva, havendo assim falado a Arjuna, novamente manifestou Sua própria Forma, e consolou o aterrorizado, voltando o *Mahātman*, a assumir uma forma [humana] amável.

(51) **Arjuna disse:** Ao olhar novamente Tua amável forma humana, Oh Janārdana, agora estou calmo, e se restabelece minha própria natureza.

(52) **O Senhor Bem-aventurado disse:** Esta Minha Forma que viste é muito difícil de se ver. Em verdade, os Brilhantes sempre desejaram olhar esta Forma .

(53) Nem mediante os *Veda-s,* nem mediante austeridades, donativos ou oferendas, não posso ser visto como tu me viste.

(54) Mas somente mediante a devoção a Mim é possível perceber-Me assim, Arjuna, e conhecer, ver e ingressar em Minha essência, Oh Parantapa.

(55) Aquele que realiza suas ações por Mim, aquele cujo supremo bem sou Eu, Meu devoto, liberado do apego, sem odiar qualquer ser, vem junto a Mim, Oh Pāndava.

Dessa forma, o décimo primeiro discurso entre Sri Krishna e Arjuna, nos gloriosos *Upanixades* [da obra] *BHAGAVAD-GITĀ* – Ciência do ETERNO, Escritura do *YOGA,* intitula-se:

O *YOGA* DA VISÃO DA FORMA UNIVERSAL.

XII Discurso

O Yoga da Devoção

(1) **Arjuna disse:** Entre os devotos que, sempre harmonizados Te adoram, e os que também adoram o Indestrutível, o Imanifestado, quem destes é o mais erudito em *Yoga*?

(2) **O Senhor Bem-aventurado disse:** Aqueles que com mente[281] fixa em Mim, sempre harmonizados, Me adoram, dotados de fé suprema, em Minha opinião, são os melhores em *Yoga*.

(3) Aqueles que adoram o Indestrutível, o Inefável, o Imanifestado, o Onipresente e Inconcebível, o Invariável, Imutável, Eterno,

(4) Restringindo e subjugando os sentidos, considerando tudo com equanimidade, regozijando-se

[281] *Manas.*

com o bem-estar de todos, esses também vêm a Mim.

(5) A dificuldade desses cujas mentes estão fixas no Imanifestado é maior; pois a Senda do Imanifestado, para os encarnados, é difícil de alcançar.

(6) Aqueles que, em verdade, renunciando a todas as ações em Mim e concentrados em Mim, Me adoram e meditam em Mim, com o *Yoga* de todo o coração,

(7) A esses elevo rapidamente do oceano da morte e da existência, Oh Pārtha, estando suas mentes[282] fixas em Mim.

(8) Põe tua mente[283] em Mim, e que tua Razão[284] ingresse em Mim; então, sem dúvida, habitarás em Mim no futuro.

(9) E se não podes fixar firmemente tua mente[285] em Mim, então busca alcançar-Me mediante o *Yoga* da prática, Oh Dhanañjaya.

---

[282] *Chetas.*

[283] *Manas.*

[284] *Buddhi.*

[285] *Chitta.*

(10) Se também não estás à altura de uma prática constante, concentra-te em Meu serviço; realizando ações por amor a Mim, alcançarás a perfeição.

(11) Mas se até para fazer isso não tens forças, então, refugiando-te em união comigo, renuncia a todo o fruto da ação, dominando a ti mesmo.

(12) Em verdade, é melhor a sabedoria do que a prática constante; é melhor a meditação do que a sabedoria; a renúncia ao fruto da ação é melhor do que a meditação; à renúncia segue-se a paz.

(13) Quem não guarda má vontade para qualquer ser, amistoso e compassivo, sem apego nem egoísmo, equilibrado no prazer e na dor, e perdoando,

(14) Sempre contente, harmonioso, com domínio de si mesmo, resoluto, com a mente[286] e a Razão[287] consagradas a Mim, esse, Meu devoto, é caro a Mim.

(15) Aquele de quem o mundo não se retrai, aquele que não se retrai do mundo, livre das ansiedades do prazer, da ira e do temor, é caro a Mim.

---

286 *Manas.*

287 *Buddhi.*

(16) Aquele que nada quer, que é puro, experto, desapaixonado, imperturbado, que renuncia a todos os frutos da ação[288], Meu devoto, é caro a Mim.

(17) Aquele que nem ama, nem odeia, nem se aflige, nem deseja, que renuncia ao bem e ao mal, pleno de devoção, é caro a Mim.

(18) Igual para com inimigo e amigo, e também na fama e na ignomínia, igual no frio e no calor, nos prazeres e nas dores, destituído de apego,

(19) Aquele que toma por igual o elogio e o vitupério, silencioso, totalmente contente com o que sobrevém, sem lar, com mente firme, cheio de devoção, esse homem é caro a Mim.

(20) Os devotos que em verdade participam desta sabedoria[289] doadora de vida como aqui se ensina, dotados de fé, sendo Eu seu objetivo supremo, são, por excelência, caros a Mim.

---

[288] No original em inglês: *undertaking*, também significando empreendimento. (N.T.)

[289] *Amrita-dharma*.

Dessa forma, o décimo segundo discurso entre Shri Krishna e Arjuna, nos gloriosos *Upanixades* [da obra] *BHAGAVAD-GITĀ* – Ciência do ETERNO, Escritura do *YOGA,* intitula-se:

O *YOGA* DA DEVOÇÃO.

XIII Discurso

O Yoga do Discernimento Entre o Campo e o Conhecedor do Campo

(1) **Arjuna disse:** Bem quisera saber, Oh Keshava, o que é a Matéria e o Espírito[290], o Campo e o Conhecedor do Campo, e também a Sabedoria e o que deve ser Conhecido.

(2) **O Senhor Bem-aventurado disse:** Este corpo, Oh filho de Kunti, é chamado o Campo; aquele que o conhece é chamado, pelos Sábios, de o Conhecedor do Campo.

(3) Entende-Me como o Conhecedor do Campo em todos os Campos, Oh Bhārata. A Sabedoria em relação ao Campo e ao Conhecedor do Campo é, em Minha opinião, [verdadeiramente] a Sabedoria.

[290] *Prakriti* e *Purusha*.

(4) Ouve agora, brevemente de Mim, o que é esse Campo e qual é a sua natureza, como se modifica e de onde provém, e quem é o Conhecedor do Campo[291] e quais são os Seus poderes.

(5) Os *Rishi-s* cantaram de múltiplos modos, em muitos e variados hinos, e em decisivos e lógicos versos[292] do *Brahmasutra.*

(6) Os grandes Elementos, a Individualidade[293], a Razão[294] e também o Imanifestado, os dez sentidos[295] e a mente[296], e os cinco objetos dos sentidos;

(7) O desejo, a aversão, o prazer, a dor, a combinação[297], a inteligência, a firmeza; estes, brevemente descritos, constituem o Campo e suas modificações.

---

[291] No original em inglês: *He,* referindo-se a *Kshetrajña,* o Conhecedor do Campo.

[292] Breves e concisos provérbios, relativos ao ETERNO.

[293] *Ahamkāra.*

[294] *Buddhi.*

[295] Os cinco órgãos do conhecimento, ou [isto é, os cinco] sentidos, [mais] os cinco órgãos da ação.

[296] A Mente [*The one,* no original em inglês, N.T.], e os objetos conhecidos por cada um dos cinco sentidos.

[297] O corpo.

(8) A humildade, a modéstia, a inofensividade, o perdão, a retidão, o serviço do mestre, a pureza, imperturbabilidade, o autocontrole,

(09) A indiferença aos objetos dos sentidos, e também a ausência de egoísmo, a compreensão da dor e do mal do nascimento, da morte, da velhice e da doença,

(10) O desapego, a ausência de autoidentificação com o filho, a esposa ou o lar, e o equilíbrio constante da mente em acontecimentos desejados e indesejados,

(11) A inquebrantável devoção a Mim mediante o *Yoga*, sem outros objetivos; recorrer a lugares isolados, ausência de divertimento na companhia humana,

(12) Constância na Sabedoria do SER[298], a compreensão do objetivo da sabedoria essencial, isso se declara como a Sabedoria, tudo que for contrário a isso é ignorância.

---

[298] *Adhyātma;* veja VII; 29.

(13) Declararei o que deve conhecer-se, e que, havendo-o conhecido, desfruta-se da imortalidade – o ETERNO supremo sem início, que não se chama ser nem não ser.

(14) AQUELE habita no mundo, envolvendo tudo. Em toda a parte ELE tem mãos e pés em toda parte ELE tem olhos, cabeças e bocas, ouvindo tudo;

(15) Brilhando com todas as faculdades sensórias, mas sem possuir sentidos; desapegado, sustentando tudo e livre em relação às qualidades[299], mas gozando das qualidades;

(16) Fora e dentro de todos os seres, imóvel e também móvel; imperceptível em razão de sua sutileza; AQUELE está próximo e distante.

(17) Indiviso entre os Seres, porém neles estabelecido compartilhadamente; há de conhecer-se como o sustentador dos seres; ELE devora e ELE gera.

(18) AQUELE, a Luz de todas as luzes, diz-se que está além da escuridão; a Sabedoria, o objeto da Sa-

---

[299] *Guna-s.* [Qualidades da matéria, a saber: Inércia, Movimento e Ritmo, N.T.]

bedoria, a ser alcançado pela Sabedoria[300], habita no coração de todos.

(19) Assim foi brevemente mencionado o Campo, a Sabedoria e o objeto da Sabedoria. Meu devoto, conhecendo isso, ingressa em Meu Ser.

(20) Deves saber que a Matéria[301] e o Espírito[302] não têm início; deves saber também que as modificações e as qualidades são, em sua totalidade, nascidas da Matéria[303].

(21) A Matéria[304] se chama causa da geração de causas e efeitos; o Espírito[305] se chama a causa do sentir prazer e dor.

(22) O Espírito[306], estabelecido na Matéria[307], usa as qualidades[308] nascidas da Matéria[309]; o apego

---

[300] Uma tradução alternativa seria: O conhecimento, o cognoscível e a meta do conhecimento. (N.T.)

[301] *Prakriti.*

[302] *Purusha.*

[303] *Prakriti.*

[304] *Prakriti.*

[305] *Purusha.*

[306] *Purusha.*

[307] *Prakriti.*

[308] *Guna-s.*

[309] *Prakriti.*

às qualidades[310] é a causa de seus nascimentos em ventres bons e maus.

(23) Supervisor e autorizador, sustentador, apreciador, o grande Senhor, e também o supremo SER; assim se chama, neste corpo, o Espírito[311] supremo.

(24) Aquele que assim conhece o Espírito[312] e a Matéria[313] com suas qualidades[314], em qualquer condição que possa estar, não nascerá novamente[315].

(25) Alguns, pela meditação, veem o SER no eu mediante o SER; outros mediante o *Sāmkhya Yoga,* e outros mediante o *Yoga* da Ação.

(26) Outros ainda, ignorantes disso, ouviram falar sobre os ensinamentos. Esses, pela adoração, também cruzam além da morte, aderindo ao que ouviram.

---

310 *Guna-s.*

311 *Purusha.*

312 *Purusha.*

313 *Prakriti.*

314 *Guna-s.*

315 Não nascerá novamente por compulsão da Lei do *Karma,* pois conquistou a libertação; mas poderá nascer novamente, por sua própria vontade, como um *Mahātman,* para ensinar a humanidade por compaixão. (N.T.)

(27) Sabe que, Oh melhor dos *Bharata-s*, qualquer criatura que nasça, imóvel ou móvel, o é pela união entre o Campo e o Conhecedor do Campo.

(28) Estabelecido igualmente em todos os seres, o Senhor supremo, imperecível dentro do perecível – aquele que assim vê, [verdadeiramente] vê.

(29) Ao ver, em verdade, o mesmo Senhor habitar igualmente, em toda parte, não destrói o SER mediante o eu, e assim percorre a Senda suprema.

(30) Quem vê que a Matéria[316] verdadeiramente realiza todas as ações, e que o SER é inativo, esse vê.

(31) Quando percebe a diversificada existência dos seres como enraizada no Uno e expandindo-se d'Ele, então alcança o ETERNO.

(32) Sendo sem princípio nem qualidades[317], o SER supremo e imperecível, ainda que estabelecido no corpo, Oh Kaunteya, não opera nem é afetado.

(33) Assim como o éter onipresente não é afetado em razão de sua sutileza, assim estabelecido em

---

[316] *Prakriti.*

[317] *Guna-s.*

toda a parte no corpo, o SER não é afetado.

(34) Assim como o Sol único ilumina toda a Terra, assim o Senhor do Campo ilumina todo o Campo, Oh Bhārata.

(35) Aqueles que com os olhos da Sabedoria percebem esta diferença entre o Campo e o Conhecedor do Campo, e a libertação dos seres da Matéria[318], vão até o Supremo.

Dessa forma, o décimo terceiro discurso entre Sri Krishna e Arjuna, nos gloriosos *Upanixades* [da obra] *BHAGAVAD-GITĀ* – Ciência do ETERNO, Escritura do *YOGA*, intitula-se:

O *YOGA* DO DISCERNIMENTO

ENTRE O CAMPO E O

CONHECEDOR DO CAMPO.

XIV Discurso

[318] *Prakriti.*

O Yoga da Separação das Três Qualidades

(1) **O Senhor Bem-aventurado disse:** Proclamarei novamente essa Sabedoria suprema, a melhor entre todas, pela qual os Sábios[319] foram, consequentemente, para suprema Perfeição.

(2) Havendo-se refugiado nesta Sabedoria e assimilado à Minha própria natureza, não renascem nem na emanação de um Universo nem são perturbados na dissolução.

(3) Meu ventre é o grande ETERNO; nele ponho o germe; dali provém o nascimento de todos os seres, Oh Bhārata.

(4) Em qualquer ventre se produzem mortais, Oh Kaunteya, o grande ETERNO é seu ventre, sou o pai gerador deles.

[319] *Muni-s.*

(5) A Harmonia[320], o Movimento, a Inércia são as qualidades[321] nascidas da Matéria[322]; ligam firmemente o corpo, ao indestrutível morador do corpo, Oh grandemente armado.

(6) Dessas, Oh imaculado, a Harmonia que é pura, luminosa e saudável, liga mediante o apego à alegria e à sabedoria.

(7) Deves saber que o Movimento, a natureza passional, é a fonte do apego e da sede de vida, Oh Kaunteya, que liga o morador do corpo mediante o apego à ação.

(8) Porém, deves saber que a Inércia, nascida da ignorância, é a ilusora de todos os moradores do corpo; que liga mediante a desatenção, a indolência e a preguiça, Oh Bhārata.

(9) A Harmonia apega-se à alegria; o Movimento, à ação, Oh Bhārata. Em verdade, a Inércia envolveu a Sabedoria, e se apega, pelo contrário, à desatenção.

---

320 Mais estritamente: ritmo.

321 *Guna-s.*

322 *Prakriti.*

(10) Ora a Harmonia prevalece, havendo dominado o Movimento e a Inércia, Oh Bhārata; ora o Movimento, havendo dominado a Harmonia e a Inércia; e ora a Inércia, havendo dominado a Harmonia e o Movimento.

(11) Quando a luz da sabedoria se irradia de todos os portais[323] do corpo, então se pode saber que a Harmonia aumenta.

(12) A cobiça, a energia que tende à exteriorização[324], o empreender ações, o desassossego, o desejo nascem do aumento do Movimento, Oh melhor dos *Bharata-s*.

(13) A escuridão, a estagnação, a desatenção e também a ilusão nascem do aumento da Inércia[325], Oh alegria dos Kuru-s.

(14) Se a Harmonia verdadeiramente prevalece quando o encarnado segue para a dissolução [do

[323] Os nove portais do corpo são as aberturas, relacionadas com os dois olhos, dois ouvidos, duas narinas, a boca, as funções sexuais e de excreção. (N.T.)

[324] Causa da distração e da dispersão. (N.T.)

[325] Causa da sonolência e do embotamento. (N.T.)

corpo], então ele[326] se dirige para os mundos imaculados dos grandes Sábios.

(15) Após seguir para a dissolução no Movimento, nasce entre os apegados à ação; se dissolvido na Inércia, nasce nos ventres dos insensíveis.

(16) Diz-se que o fruto de uma boa ação é harmonioso e imaculado; em verdade, o fruto do Movimento é a dor, e o fruto da Inércia é a Ignorância.

(17) Da Harmonia nasce a Sabedoria; e também a cobiça nasce do Movimento; a desatenção e a ilusão nascem da Inércia e também a ignorância.

(18) Elevam-se aqueles que estão estabelecidos na Harmonia; os Ativos moram na posição média; os Inertes descem, envolvidos nas mais vis qualidades[327].

---

[326] Antes chamado encarnado (*embodied*), agora: desencarnado. (N.T.)

[327] *Guna-s.*

(19) Quando o Vidente não percebe outro agente senão as qualidades[328], e conhece AQUELE que é superior às qualidades[329], entra em Minha Natureza.

(20) Quando o morador do corpo atravessou estas três qualidades[330], de onde todos os corpos foram gerados, liberado do nascimento, morte, velhice e aflição, bebe o néctar da imortalidade[331].

(21) **Arjuna disse:** Quais são os sinais de quem atravessou as três qualidades[332], Oh Senhor? Como ele age e como ele vai além dessas três qualidades[333]?

(22) **O Senhor Bem-aventurado disse:** Oh Pāndava, aquele que não odeia o esplendor, nem a energia que se exterioriza, nem ainda a ilusão, quando presentes[334], nem anseia por esses, quando ausentes.

---

[328] *Guna-s.*

[329] *Guna-s.*

[330] *Guna-s.*

[331] *Amrita.*

[332] *Guna-s.*

[333] *Guna-s.*

[334] Com estas três palavras: esplendor, energia que se exterioriza e ilusão, estão sento designadas respectivamente os três *guna-s*, a saber: Harmonia (*Sattva*), Movimento (*Rajas*) e Inércia (*Tamas*). (N.T.)

(23) Aquele que, sentado como um [espectador] neutro, é inabalável pelas qualidades[335]; aquele que diz: "As qualidades[336] giram", e permanece à parte, imóvel;

(24) Equilibrado no prazer e na dor, autoconfiante, aquele para quem um torrão de terra, uma pedra e ouro são a mesma coisa, o mesmo para o amado e o não amado, firme, ele mesmo, na censura e no elogio.

(25) O mesmo na honra e na ignomínia, o mesmo para o amigo e para o inimigo, abandonando todos os empreendimentos, diz-se que cruzou para além das qualidades[337].

(26) Aquele que Me serve exclusivamente pelo *Yoga* da devoção, cruzando para além das qualidades[338], está apto para tornar-se o ETERNO.

---

[335] *Guna-s.*

[336] *Guna-s.*

[337] *Guna-s.*

[338] *Guna-s.*

(27) Pois, Eu sou a morada do ETERNO, e do indestrutível néctar da imortalidade, da retidão[339] imemorial e da bem-aventurança infinita.

Dessa forma, o décimo quarto discurso entre Sri Krishna e Arjuna, nos gloriosos *Upanixades* [da obra] *BHAGAVAD-GITĀ*, – Ciência do ETERNO, Escritura do *YOGA*, intitula-se:

O *YOGA* DA SEPARAÇÃO DAS
TRÊS QUALIDADES.

[339] *Dharma.*

XV Discurso

O Yoga da Conquista do Espírito Supremo

(1) **O Senhor Bem-aventurado disse:** Com raízes em cima, com ramos embaixo, diz-se que Ashvattha[340] é indestrutível; suas folhas são hinos; quem o conhece é um conhecedor dos *Veda-s*.

(2) Seus ramos expandem-se para cima e para baixo, nutridos pelas qualidades[341]; os objetos dos sentidos são seus brotos; e suas raízes crescem para baixo, [gerando] os laços da ação no mundo dos homens.

(3) Nem aqui é possível adquirir conhecimento de sua forma, nem seu fim, nem sua origem, nem o

[340] A árvore *banyan* do *samsāra* (vida mundana).

[341] *Guna-s*.

seu sítio uma vez que tendo esta Ashvattha, que é firmemente enraizada, sido abatida com a arma firme do desapego;

(4) Pode buscar-se essa senda do além, a qual, percorrida, não há retorno. Vou realmente até esse Ser [342] Original[343], de onde jorra a prístina energia.

(5) Aqueles que, sem orgulho nem ilusão, vitoriosos sobre o vício do apego, com o desejo pacificado, habitam constantemente no SER, liberados dos pares de opostos conhecidos como prazer e dor, trilham, sem ilusão, aquela senda indestrutível.

(6) Ali não brilha o Sol, nem a Lua, nem o fogo; havendo chegado ali, não retornam; essa é Minha morada suprema.

(7) Uma porção do Meu próprio SER, transformada no mundo da vida em um Espírito Imortal[344], faz girar ao redor de si os sentidos, dos quais a mente[345] é o sexto, velada na matéria[346].

---

[342] Vide nota 276, na p. 130. (N.T.)

[343] *Purusha.*

[344] *Jiva,* uma vida individualizada do Espírito Universal.

[345] *Manas.*

[346] *Prakriti.*

(8) Quando o Senhor adquire um corpo e quando o abandona, apodera-se destes[347] e vai com eles, como o vento colhe as fragrâncias de seus refúgios.

(9) Entronizado no ouvido, no olho, no tato, no paladar, no olfato, e também na mente[348], Ele aprecia os objetos dos sentidos.

(10) Os iludidos não O[349] percebem, nem quando Ele parte nem quando está presente, tampouco quando aprecia sob a influência das qualidades[350]; mas os dotados com o olho da sabedoria O percebem.

(11) Os Iogues que lutam também O percebem, estabelecido no SER, porém, ainda que lutem, os ignorantes não O percebem, pois seu eu está destreinado.

(12) Aquele esplendor que surge do Sol que ilumina todo o mundo, aquele existe na Lua e no fogo, deves saber que aquele esplendor vem de Mim.

---

[347] Os sentidos e a mente.

[348] *Manas.*

[349] Ele. (N.T.)

[350] *Guna-s.*

(13) Ao impregnar o solo, sustento os seres com Minha energia vital, e havendo-Me tornado o delicioso Soma[351], nutro todas as plantas.

(14) Havendo-Me tornado o Fogo da Vida[352], tomo posse dos corpos das coisas que respiram, e unido com os sopros vitais[353], digiro as quatro classes de alimento.

(15) E estou assentado no coração de todos, e de Mim derivam a memória, a sabedoria e sua ausência. E o que deve ser conhecido em todos os *Veda-s* sou Eu; na verdade, sou o conhecedor dos *Veda-s* e o autor do Vedānta.

(16) Há duas Energias[354] neste mundo: a destrutível e a indestrutível; a destrutível é todos os seres, a imutável chama-se indestrutível.

---

351 "Ao tornar-Me na Lua aquosa" é a tradução aceita. Soma é um líquido, extraído da planta soma. "Havendo-Me tornado seiva" é uma provável tradução.

352 *Vaishvānara.*

353 *Prāna* e *Apāna.*

354 *Purusha.*

(17) Em verdade, a Energia suprema é Outra, declara como o SER Supremo, que, penetrando tudo, sustenta os três mundos: o Senhor indestrutível.

(18) Posto que supero o destrutível, e sou também mais excelente do que o indestrutível, no mundo e nos *Veda-s* sou proclamado o Espírito Supremo[355].

(19) Aquele que sem ilusão Me conhece assim como o Espírito Supremo[355], esse conhecedor de tudo, Me adora com todo seu ser, Oh Bhārata.

(20) Assim expressei este mais secreto ensinamento, Oh imaculado. Conhecido isso, tornou-se iluminado e concluiu sua obra, Oh Bharata.

Dessa forma, o décimo quinto discurso entre Sri Krishna e Arjuna, nos gloriosos *Upanixades* [da obra] *BHAGAVAD-GITĀ* – Ciência do ETERNO, Escritura do *YOGA*, intitula-se:

O *YOGA* DA CONQUISTA
DO ESPÍRITO SUPREMO.

355 *Purushottama,* o mais elevado *Purusha.*

XVI Discurso

O Yoga da Divisão entre O Divino e o Demoníaco

(1) **O Senhor Bem-aventurado disse:** A intrepidez, a vida limpa, a firmeza no *Yoga* da sabedoria, a caridade, a autorrestrição, o sacrifício e o estudo das Escrituras, a austeridade e a retidão,

(2) A inofensividade, a verdade, a ausência de ira, a renúncia, a paz, a ausência de fraude, a compaixão pelos seres vivos, a ausência de cobiça, a benevolência, a modéstia, a ausência de volubilidade,

(3) O vigor, o perdão, a fortaleza, a pureza, a ausência de inveja e orgulho são de quem nasceu com as propriedades divinas, Oh Bhārata.

(4) A hipocrisia, a arrogância e a presunção, a ira, a rudeza e também a ignorância são de quem nasceu com propriedades demoníacas[356], Oh Pārtha.

(5) As propriedades divinas consideram-se para a libertação, e as demoníacas para a escravidão. Não te aflijas, nasceste com propriedades divinas, Oh Pāndava.

(6) Neste mundo a criação animal é dupla: a divina e a demoníaca; a divina foi descrita extensamente; ouve de Mim sobre a demoníaca, Oh Pārtha.

(7) Os homens demoníacos não conhecem a energia correta nem a abstinência correta; neles não há pureza, nem sequer propriedade nem verdade.

(8) "O Universo não tem verdade, não tem base", dizem eles, "não tem um Deus[357], procede da união mútua, causada pela luxúria e nada mais."

(9) Ao sustentar este ponto de vista, esses eus arruinados, carentes de entendimento[358], de atos fe-

---

356 *Āsuric;* os *Asura-s* eram os inimigos dos *Sura-s* ou Deuses.

357 *Īshvara*: o Governante do Universo.

358 *Buddhi.*

rozes, surgem como inimigos para a destruição do mundo.

(10) Ao entregar-se a desejos insaciáveis, presas da vaidade, presunção e arrogância, ao sustentar más ideias através da ilusão empenham-se na ação com resoluções impuras.

(11) Ao abandonar-se a um pensamento desmesurado cujo fim é a morte, considerando a satisfação dos desejos como o mais elevado, sentindo-se seguros de que isso é tudo.

(12) Mantidos na escravidão por uma centena de laços de expectativas, entregues à luxúria e à ira, lutam para obter mediante meios ilícitos, montes de riquezas para gozos sensuais.

(13) "Ganhei este dia, obterei tal propósito; esta riqueza já é minha, e também esta será minha no futuro."

(14) "Matei este inimigo, e também matarei outros. Eu sou o Senhor, sou o desfrutador, sou perfeito, poderoso, feliz.

(15) Sou rico, bem nascido; que outro há semelhante a mim? Sacrificarei, darei esmolas, me regozijarei." – Assim iludidos pela ignorância,

(16) Confundidos por numerosos pensamentos, enredados na teia da ilusão, dependentes da satisfação do desejo, eles caem em um inferno hediondo[359].

(17) Autovangloriando-se, teimosos, cheios de orgulho e intoxicados de riqueza, cumprem sacrifícios por mera ostentação, contrários às prescrições das Escrituras.

(18) Entregues ao egoísmo, ao poder, e à insolência, à luxúria e à ira, esses maliciosos Me odeiam nos corpos dos outros e em seus próprios.

(19) A esses odiosos, maus, impiedosos, os mais vis entre os homens do mundo, jogo-os sempre dentro dos ventres demoníacos.

(20) Lançados dentro dos ventres demoníacos, iludidos em um nascimento após outro, sem alcançar-Me, Oh Kaunteya, afundam nas mais baixas profundidades.

---

[359] Vide nota 34, p. 32. (N.T.)

(21) O portal desse inferno é triplo, destrutivo do eu – luxúria, ira e cobiça: portanto, que o homem renuncie a esses três [portais].

(22) O homem liberado desses três portais de escuridão, Oh filho de Kunti, realiza seu próprio bem-estar, e assim alcança a meta suprema.

(23) Aquele que jogou para um lado as prescrições das Escrituras, segue as inclinações do desejo, não alcança a perfeição, nem a felicidade, nem a meta suprema.

(24) Portanto, que as Escrituras sejam tua autoridade, na determinação do que deve ser feito, ou do que não deve ser feito. Ao conhecer o que foi declarado pelas prescrições das Escrituras, deves trabalhar neste mundo.

Dessa forma, o décimo sexto discurso, entre Sri Krishna e Arjuna, nos gloriosos *Upanixades* [da obra] *BHAGAVAD-GITĀ* – Ciência do ETERNO, Escritura do *YOGA*, intitula-se:

O *YOGA* DA DIVISÃO ENTRE
O DIVINO E O DEMONÍACO.

XVII Discurso

O Yoga da Divisão da Tripla Fé

(1) **Arjuna disse:** Daqueles que fazem sacrifícios plenos de fé[360], porém põem de lado as prescrições das Escrituras, qual é verdadeiramente a sua condição, Oh Krishna? É a da Pureza, da Paixão ou da Escuridão?[361]

(2) **O Senhor Bem-aventurado disse:** Por natureza, a fé inata dos encarnados é tripla: pura, passional e obscura[362]. Ouve sobre estas.

---

360 *Shraddhā.*

361 As três qualidades: *Sattva, Rajas* e *Tamas* são aqui usadas em sua correspondência moral, e são, portanto, traduzidas como Pureza, Paixão e Escuridão. [Donde derivam três tipos de devotos, respectivamente, a saber: puros, passionais, e obscuros, N.T.]

(3) A fé de cada um é moldada segundo sua própria natureza, Oh Bhārata. Assim, tal qual seja a sua fé[362], tal será o homem.

(4) Os homens puros adoram os Brilhantes; os passionais [adoram] os gnomos e gigantes[363]; os outros, os povos da escuridão, adoram os espectros e hostes de espíritos da Natureza[364].

(5) Os homens que realizam severas austeridades, não prescritas pelas Escrituras, unidos à vaidade e ao egoísmo, impelidos pela força de seus desejos e paixões;

(6) Ignorantes, atormentando os elementos agregados que formam o corpo, e a Mim também, assentados no corpo interno; a eles deves conhecer como demoníacos em suas resoluções.

---

[362] Que significa: a fé de um homem mostra o seu caráter. [Entenda-se "fé" como sendo os seus valores, N.T.]

[363] *Yaksha-s*, gnomos, são servos dos Senhores da riqueza; isto é, estão conectados com os metais; *Rākskasa-s*, gigantes ou Titãs, foram os habitantes gigantes de Atlântida, versados em magia e bruxaria.

[364] *Preta-s*, fantasmas, são homens defuntos, enquanto *Bhuta-s*, espíritos da Natureza, são semelhantes a duendes.

(7) Também é triplo o alimento que é caro para cada um, como também o sacrifício, a austeridade e a caridade. Ouve a distinção destes.

(8) Os alimentos que aumentam a vitalidade, a energia, o vigor, a saúde, a alegria e a jovialidade, deliciosos, suaves, susbstanciosos e agradáveis, são caros aos puros.

(9) Os passionais desejam alimentos que são amargos, azedos, salgados, muito quentes, picantes, secos e ardentes e que produzem dor, pesar e enfermidades.

(10) Os alimentos estragados e insípidos, pútridos e corruptos, os sujos e também as sobras são caros aos obscuros.

(11) É puro o sacrifício oferecido por homens sem desejo pelo fruto, como o prescrevem as normas, com a fé firme de que o sacrifício é um dever.

(12) Ao sacrifício que é oferecido tendo por objetivo o fruto, e também para autoglorificação, Oh melhor dos *Bharata-s,* deves conhecê-lo como sendo da paixão.

(13) O sacrifício contrário às prescrições sem distribuir alimento, destituído de palavras de poder[365], e sem donativos[366], sem fé, diz-se ser da escuridão.

(14) O culto tributado aos Brilhantes, aos duas vezes nascidos, aos instrutores[367] e aos sábios, à pureza, à retidão, à continência e à inofensividade, denomina-se austeridade do corpo.

(15) A palavra que não causa aborrecimento, veraz, agradável e benéfica, a prática do estudo das Escrituras, denomina-se austeridade da palavra.

(16) A felicidade mental, o equilíbrio, o silêncio, o autocontrole e a pureza da natureza, denomina-se austeridade da mente[368].

(17) Diz-se que esta tripla austeridade, cumprida por homens de suma fé, sem desejo pelo fruto e harmonizados, é pura.

(18) A austeridade que se pratica com o objetivo de ganhar respeito, honra e culto, e por ostentação, diz-se ser da paixão, e que é instável e fugaz.

---

365 *Mantra-s*

366 Aos sacerdotes oficiantes.

367 Gurus.

368 *Manas.*

(19) A austeridade efetuada com um conhecimento iludido, com autotortura, ou com o objetivo de destruir a outro, diz-se ser da escuridão.

(20) Considera-se puro o donativo doado a alguém que não faz nada em troca, na crença que o donativo deve ser feito em local e hora apropriados, para uma pessoa digna.

(21) Considera-se da paixão o donativo doado com o objetivo de receber retribuição, novamente esperando pelo fruto, ou de má vontade.

(22) Considera-se da escuridão o donativo doado em local e momento impróprios, a pessoas indignas, sem respeito e com desdém.

(23) *"OM TAT SAT"* tem sido considerada como a tripla designação do ETERNO. Com ela foram ordenados os antigos *Brāhmana-s*, os *Veda-s* e os sacrifícios.

(24) Portanto, os conhecedores do ETERNO começam os atos de sacrifício, dádiva e austeridade sempre com o pronunciamento de *"OM"*, como o prescrevem as normas.

(25) Aqueles que desejam a libertação cumprem os vários atos de sacrifício, austeridade e dádiva com o pronunciamento de *"TAT"*, sem aspirar ao fruto.

(26) *"SAT"* se usa no sentido de realidade e bem; igualmente, Oh Pārtha, a palavra *"SAT"* usa-se no sentido de uma boa obra.

(27) A firmeza no sacrifício, na austeridade e na dádiva também se chama *"SAT"*, e uma ação por amor ao Supremo[369] também se chama *"SAT"*.

(28) O que quer que se efetue sem fé, oblação, dádiva, austeridade, ou outra ação, se chama *Asat*, Oh Pārtha; é nada, aqui ou no futuro.

Dessa forma, o décimo sétimo discurso entre Sri Krishna e Arjuna, nos gloriosos *Upanixades* [da obra] *BHAGAVAD-GITĀ,* – Ciência do ETERNO, Escritura do *YOGA,* intitula-se:

O *YOGA* DA DIVISÃO DA TRIPLA FÉ.

---

[369] *TAT.*

XVIII Discurso

O Yoga da Libertação pela Renúncia

(1) **Arjuna disse:** Oh potentemente armado, desejo conhecer a distinção entre a essência da Renúncia[370], Oh Hrishikesha, e do abandono[371], Oh Keshinishudana.[372]

(2) **O Senhor Bem-aventurado disse:** Os Sábios conhecem como renúncia a abstenção de trabalhos relacionados ao desejo; e como abandono a abdicação do fruto de todas as ações.

(3) "A ação deve ser abandonada como um mal[373]", declaram alguns homens reflexivos; outros dizem

[370] *Sannyāsa.*

[371] *Tyāga.*

[372] Matador de Keshi, um demônio.

[373] Alguns leem: "Porque é má."

que "atos de sacrifício, dádiva e austeridade não devem ser abandonados."

(4) Ouve Minhas conclusões quanto ao abandono, Oh melhor dos *Bharata-s;* desde que o abandono, Oh tigre dos homens, tem sido explicado como triplo.

(5) Os atos de sacrifício, dádiva e austeridade não devem ser abandonados, mas devem ser cumpridos; o sacrifício, a dádiva e também a austeridade são os purificadores dos inteligentes.

(6) Porém, até essas ações devem executar-se deixando de lado o apego ao fruto, Oh Pārtha; esta é a Minha crença certa e melhor.

(7) Em verdade, não é apropriada, a renúncia das ações que estão prescritas; diz-se que o seu abandono por ilusão é da escuridão.

(8) Aquele que abandona uma ação por temor ao sofrimento físico, dizendo "É dolorosa," realizando assim um abandono passional, não obtém o fruto do abandono.

(9) Aquele que cumpre uma ação prescrita, dizendo "Deve ser feita," Oh Arjuna, abandonando o apego e também o fruto, [para aquele] tal abandono é considerado puro.

(10) Aquele que abandona [a ação] permeado de pureza, com inteligência e sem dúvidas, não odeia a ação desagradável nem se apega à prazerosa.

(11) Em verdade, os seres encarnados não podem abandonar a ação completamente; de quem abandona o fruto da ação, diz-se ser um renunciante.

(12) No futuro, para aquele que não abandona o fruto da ação, tal fruto é triplo: bom, mau e misto; porém não há fruto para o renunciante.

(13) Oh potentemente armado, aprende de Mim estas cinco causas, como se as declara no sistema *Sānkhya*, para o cumprimento de todas as ações:

(14) O corpo, o agente, os vários órgãos, as diversas classes de energias, e também as deidades governantes como a quinta [causa].

(15) Qualquer que seja a ação que um homem cumpra com seu corpo, palavra e mente[374], correta ou não, estas cinco são sua causa.

(16) Sendo isso assim, aquele que devido à Razão[375] destreinada considera seu SER, que está isolado, como o agente, esta pessoa, de inteligência deturpada, na verdade não vê.

(17) Aquele que está livre da noção egoísta, cuja Razão[376] não está afetada, ainda que mate a estas pessoas, não mata nem está vinculado.

(18) O conhecimento, o cognoscível e o conhecedor são o triplo impulso para a ação; o órgão, a ação e o agente, são os triplos componentes da ação.

(19) O conhecimento, a ação e o agente na categoria das qualidades[377] diz-se também que são três separadamente, pela diferença das qualidades[378]; ouve também isso devidamente.

---

[374] *Manas.*
[375] *Buddhi.*
[376] *Buddhi.*
[377] *Guna-s.*
[378] *Guna-s.*

(20) Aquilo pelo qual um Ser indestrutível é visto em todos os seres, não separado no separado, deves conhecê-lo como puro.

(21) Porém, ao conhecimento que considera as diversas existências em todos os seres como separadas, deves conhecê-lo como da paixão.

(22) Enquanto que aquele que se apega a cada coisa como se fosse o todo, sem razão, sem compreender a realidade, com estreiteza, declara-se ser da escuridão.

(23) A ação que está ordenada, efetuada por alguém que não deseja o fruto, sem apego, sem amor[379] ou ódio, chama-se pura.

(24) Mas a ação efetuada por alguém que almeja desejos, ou com egoísmo, ou com muito esforço, declara-se como passional.

(25) A ação empreendida por ilusão, sem considerar a capacidade e as consequências, – o dano

---

[379] Refere-se, obviamente, ao amor pessoal que é apegado, que facilmente se converte em ciúme e ódio. (N.T.)

e a injúria aos outros – declara-se como sendo da escuridão.

(26) Liberado do apego, não egoísta, dotado de firmeza e confiança, imutável pelo sucesso ou fracasso, declara-se esse agente puro.

(27) Passional, desejando obter o fruto das ações, ganancioso, nocivo, impuro, movido pelo prazer e pela dor, declara-se esse agente motivado pela paixão.

(28) Discordante, vulgar, teimoso, fraudulento, malicioso, indolente, desesperado, procrastinador, declara-se esse agente obscuro.

(29) Ouve como relato, sem reservas e separadamente, a divisão da Razão[380] e também da firmeza, tripla de acordo com as qualidades[381], Oh Dhanañjaya.

(30) Aquela [Razão] [382] que conhece a energia e a abstinência, o que deve ser feito e o que não deve,

---

380 *Buddhi.*

381 *Guna-s.*

382 Ou: discerne entre. (N.T.)

o medo e a intrepidez, a escravidão e a libertação, essa Razão[383] é pura, Oh Pārtha.

(31) Aquela [Razão] pela qual se entende tortuosamente o certo e o errado[384], e também o que deve ser feito e o que não deve, essa Razão[385], Oh Pārtha, é passional.

(32) Aquela [Razão] que, envolta na escuridão, julga errado[386] o que é certo[387], e vê todas as coisas subvertidas, essa Razão[388], Oh Pārtha, é obscura.

(33) Aquela inabalável firmeza pela qual, através do *Yoga,* alguém restringe a atividade da mente[389], das respirações vitais e dos órgãos dos sentidos, essa firmeza, Oh Pārtha, é pura.

---

[383] *Buddhi.*

[384] *Dharma* e *adharma,* certo e errado no mais amplo sentido, legal e ilegal.

[385] *Buddhi* ou razão pura, só consegue atuar livremente quando a mente é também pura; caso contrário, a razão é iludida e levada ao equívoco, devido ao veículo mental contaminado, nesse caso por *Rajas* ou paixão. (N.T.)

[386] *Adharma.*

[387] *Dharma.*

[388] *Buddhi.* [Nesse caso, a razão é obscurecida por *Tamas* ou escuridão, N.T.]

[389] *Manas.*

(34) Porém a firmeza, Oh Arjuna, pela qual por apego desejoso de fruto, alguém se agarra firmemente ao dever[390], desejo e riqueza, essa firmeza, Oh Pārtha, é passional.

(35) Aquela [firmeza] pela qual alguém, por estupidez, não abandona o sono, o medo, o pesar, o desespero e também a vaidade, essa firmeza, Oh Pārtha, é obscura.

(36) E agora, ouve de Mim, os três tipos de prazer, Oh touro dos *Bharata-s*. Aquele no qual nos regozijamos pela prática, e que põe fim à dor;

(37) Que no princípio é como veneno, mas no final é como néctar; esse prazer diz-se puro, nascido do conhecimento bem-aventurado do SER.

(38) Aquele que pela união dos sentidos com seus objetos é no início como néctar, mas no final é como veneno, esse prazer considera-se passional.

(39) Aquele prazer que no princípio e no final é ilusão do eu, que surge do sono, da indolência e desatenção, declara-se obscuro.

---

[390] *Dharma.*

(40) Não há entidade, nem na Terra nem mesmo no Céu entre os Brilhantes, que esteja liberada destas três qualidades[391], nascidas da Matéria[392].

(41) Os deveres[393] dos *Brāhmana-s, Kshatriya-s, Vaishya-s* e *Shudra-s,* Oh Parantapa, foram distribuídos de acordo com suas qualidades[394] nascidas de suas próprias naturezas.

(42) A serenidade, a autorrestrição, a austeridade, a pureza, o perdão e também a elevação, a sabedoria, o conhecimento, a fé em Deus são o dever[395] do *Brāhmana,* nascido de sua própria natureza.

(43) A proeza, o esplendor, a firmeza, a destreza, e também não fugir da batalha, a generosidade, a natureza de um governante são o dever[396] do *Kshatriya,* nascido de sua própria natureza.

---

[391] *Guna-s.*

[392] *Prakriti.*

[393] *Karma;* é a ação que surge da natureza, modelada pelos pensamentos e desejos passados.

[394] *Guna-s.*

[395] *Karma.*

[396] *Karma.*

(44) A lavoura, a proteção do ganho e o comércio são o dever[397] do *Vaishya*, nascido de sua própria natureza. A ação de caráter serviçal é o dever[398] do *Shudra*, nascido de sua própria natureza.

(45) A perfeição humana é alcançada quando cada ser se aplica ao seu próprio dever[399]. Escuta [agora] como a perfeição é conquistada por alguém aplicado ao seu próprio dever[400].

(46) O homem, adorando em seu próprio dever[401] Àquele donde provém a emanação dos seres, e por quem tudo isso está impregnado, conquista a perfeição[402].

(47) É melhor cumprir o próprio dever[403], ainda que destituído de méritos, do que o dever[404] de outro

---

397 *Karma.*

398 *Karma.*

399 *Karma.*

400 *Karma.*

401 *Karma.*

402 *Siddhi.*

403 *Dharma.* Há uma sutil diferença entre estas palavras, aqui usadas quase intercambiadamente. *Karma* surge do passado; *Dharma* também surge assim, porém implica também a lei pela qual se dá o passo seguinte na evolução.

404 *Dharma.*

bem cumprido. Aquele que cumpre com o dever[405] que lhe impõe sua própria natureza não incorre em pecado.

(48) O dever[406] congênito, Oh filho de Kunti, ainda que imperfeito, não deve ser abandonado. Em verdade, todo o trabalho é anuviado por imperfeições, assim como o fogo pela fumaça.

(49) Aquele que tem a Razão[407] desapegada por toda a parte, o eu subjugado e com os desejos mortos, segue pela renúncia até a perfeição suprema da liberdade da obrigação[408].

(50) Aprende de Mim, apenas sucintamente, Oh Kaunteya, como aquele que alcançou a perfeição obtém o ETERNO, o estado supremo da sabedoria.

(51) Unido à Razão[409], purificado, controlando o eu com firmeza, havendo abandonado o som e os ou-

[405] *Karma.*

[406] *Karma.*

[407] *Buddhi.*

[408] *Karma.*

[409] *Buddhi.*

tros objetos dos sentidos; havendo deixado de lado a paixão e a malícia.

(52) Morando na solidão, abstêmio, subjugados a palavra, o corpo e a mente[410], fixo constantemente na meditação e no *Yoga*[411], refugiando-se no desapaixonamento.

(53) Havendo deixado de lado o egoísmo, a violência, a arrogância, o desejo, a ira, a cobiça, abnegado e pacífico; esse está apto para tornar-se o ETERNO.

(54) Ao tornar-se o ETERNO, sereno no SER, nem sofre nem deseja; é o mesmo para todos os seres, alcança a suprema devoção a Mim.

(55) Por devoção conhece-Me em essência, quem e o que sou; havendo-Me conhecido assim em essência, em seguida ingressa no Supremo[412].

(56) Embora cumprindo sempre todas as ações, refugiando-se em Mim, por Minha graça obtém a morada eterna indestrutível.

---

[410] *Manas*.

[411] Alguns leem: *Dhyāna-Yoga*, "*Yoga* da meditação".

[412] *TAT*.

(57) Renunciando mentalmente a todas as obras em Mim, concentrado em Mim, recorrendo ao *Yoga* do discernimento[413], tem teu pensamento sempre em Mim.

(58) Pensando em Mim, vencerás todos os obstáculos por Minha graça; mas se por egoísmo não escutas, serás destruído[414] totalmente.

(59) Entrincheirado no egoísmo, pensas: "Não lutarei"; de nada serve tua decisão; a natureza te compelirá.

(60) Oh filho de Kunti, vinculado por teu próprio dever[415] nascido de tua própria natureza, até o que por engano não desejas fazer, inexoravelmente o farás.

(61) O Senhor habita nos corações de todos os seres, Oh Arjuna, por Seu Poder ilusório[416], fazendo que todos os seres deem voltas como se estivessem montados nas rodas de um oleiro.

---

413 *Buddhi-Yoga.*

414 Vide III Discurso, versículo 32, nota 106, p. 59. (N.T.)

415 *Karma.*

416 *Māyā.*

(62) Procura refúgio Nele para proteger todo o teu ser, Oh Bhārata; por Sua graça obterás a paz suprema, a morada eterna.

(63) Assim, te declarei a sabedoria, mais secreta que o próprio segredo; após refletir plenamente neste, atua como queiras.

(64) Escuta novamente Minha palavra suprema, a mais secreta de todas; és Meu amado, e de coração constante, portanto, falarei para teu benefício.

(65) Funde tua mente[417] em Mim, sê Meu devoto, sacrifica a Mim, prostra-te perante Mim, chegarás a Mim. Eu te dou Minha palavra de honra, és caro a Mim.

(66) Abandonando todos os deveres[418], vem a Mim sozinho para refugiar-te; não te aflijas, te libertarei de todos os pecados.

(67) Nunca falarás disso a ninguém que não seja asceta, nem devoto, nem a quem não deseje escutar, nem ainda a quem fale mal de Mim.

---

417 *Manas.*

418 *Dharma-s.*

(68) Aquele que declarar este segredo supremo entre Meus devotos, havendo mostrado suprema devoção por Mim, sem dúvida virá a Mim[419].

(69) Não existe entre os homens quem Me preste serviço mais caro, nem que Me seja mais amado sobre a Terra.

(70) E por aquele que estudar este sagrado diálogo nosso, serei adorado com o sacrifício da sabedoria. Tal é Minha mente.

(71) Também, o homem que pleno de fé, meramente ouvir [esse sagrado diálogo] sem injúrias, mesmo ele, liberado do mal, obtém os mundos radiantes dos justos.

(72) Oh filho de Prithã, será que ouviste tudo isso com a mente atenta[420]? Foi destruída, Oh Dhañanjaya, tua ilusão causada pela ignorância?

(73) **Arjuna disse:** Minha ilusão foi destruída, adquiri conhecimento[421] através de Tua graça, Oh

---

419 Alguns leem *asamshayah,* que seria: "estando livre das dúvidas".

420 No original em inglês: *one-pointed.* (N.T.)

421 Literalmente: "memória".

Imutável. Estou firme, minhas dúvidas desapareceram. Obrarei de acordo com a Tua palavra.

(74) **Sanjaya disse:** Ouvi este maravilhoso diálogo de Vāsudeva e do magnânimo Pārtha, que eriçou meus cabelos;

(75) Pelo favor de Vyāsa escutei este *Yoga* secreto e supremo do Senhor do *Yoga*, o mesmo Krishna que falou ante meus olhos.

(76) Oh Rei, ao recordar e recordar [a cada momento[422]] este diálogo maravilhoso e santo entre Keshava e Arjuna, eu me regozijo toda vez.

(77) Ao recordar e recordar [a cada momento[422]] também esta maravilhosa forma de Hari, grande é minha admiração. Oh Rei, eu me regozijo toda vez.

(78) Onde quer que esteja Krishna, o Senhor do *Yoga*, onde quer que esteja Pārtha, o arqueiro, estão

---

[422] Conforme tradução do Comentário de Shri Shankaracharya [*The Bhagavad-Gitā*. Chennai (Madras), Samata Books, 1995]. (N.T.)

asseguradas a prosperidade, a vitória e a felicidade.[423] [Esta é a minha convicção[424]].

Dessa forma, o décimo oitavo discurso entre Sri Krishna e Arjuna, nos gloriosos *Upanixades* [da obra] *BHAGAVAD-GITĀ*, – Ciência do ETERNO, Escritura do *Yoga*, intitula-se:

O *YOGA* DA LIBERTAÇÃO

PELA RENÚNCIA.

Assim chega ao fim [a obra]

BHAGAVAD-GITĀ.

PAZ A TODOS OS MUNDOS

[423] A versão de Shri Shankarāchārya traduzida, diz: "há prosperidade, vitória, felicidade e firme moralidade".
[424] No original em inglês: *"So I think"*, significando literalmente, "Assim eu penso". (N.T.)